© 2021 Michèle Pellegrino

Édition : BoD – Books on Demand,
12/14 rond-point des Champs-Élysées, 75008 Paris
Impression : BoD - Books on Demand,
Norderstedt, Allemagne

ISBN : 978 2 3222 0064 1

Dépôt légal : Juillet 2021

Michèle Pellegrino

À Fleur de Maux

Oser est un art difficile rendu possible par, l'aide et le soutien d'un entourage bienveillant.

Merci...
Karine l'âme et le cœur fidèle, à mes côtés depuis longtemps cheminant,
Florence, corrigeant sans juger, si près du soleil en tes belles montagnes,
Bérengère à fleur de peau, illustrant mes pages l'âme du bout de son crayon,
Aude R forte et fragile oubliant les heures pour m'aider à porter mes fous projets,
Aude LG ma douce, ma sensible m'offrant avec amitié ma chienne du soleil,
Françoise la détermination à l'état pur, me soutenant à la ville comme aux champs,
Régine objective et délicate présence avançant sans faillir et avec attachement,
Patrice à l'encre violette, du bout de la plume pour moi écrivant,
Dominique belle rencontre entre des pages, grâce à toi cet aboutissement,
Nathalie derrière son écran cherchant la couverture de mes mots,
Sonia mon ange, tellement présente bien que brillant au firmament.

Merci...
A mes 3 enfants pour ce qu'ils sont. J'aurais toujours ce regret de n'avoir pas su le dire mais laissez moi vous l'écrire... « Je vous aime ». C'est à votre source que j'ai bu alors qu'assoiffée je suffoquais. C'est à vos rires que j'ai séché mes larmes alors qu'épuisée je m'écroulais. C'est en vos yeux que j'ai trouvé la lumière quand dans ma vie il faisait noir. C'est à vos pas que j'ai trouvé la force d'avancer quand ma foulée me refusait de poursuivre mon chemin. Vous êtes ce que j'ai de précieux et de beau, ce qui fait que la route vaut la peine d'être poursuivie.

Merci...
A ceux qui en vain ont tenté de me briser, de me blesser... Vous m'avez fait avancer et si j'ai parfois ployé, je n'ai pas cassé ! Votre faiblesse m'a rendu forte...

Aime vis, rêve, ose...
Un jour j'ai fait graver ces mots au bois d'un couteau... Comme cette lame adorée à jamais repliée, ils me sont chers et je m'emploie à leur donner vie.

Juin...

Voilà l'heure où les plus belles sonnailles retrouvent le cou des plus belles brebis. Le soleil invite à prendre le chemin des alpages et sur les routes résonne le pas des troupeaux. Les verts pâturages sont un appel auquel répondent les chants des sonnailles, par le rythme de l'estive balancé.
Instant de fête, longues heures de marche, routes, sentiers et drailles, mènent à l'alpage.
Comme chaque année mon amie bergère attend avec joie le moment du départ. Après la saison de traite, arrive celle de l'estive qu'elle affectionne particulièrement. Sa chienne, à ses côtés, elles comptent les heures les guidant vers le plaisir des plateaux herbeux.

9 juin...

Joyeux, le troupeau se met en route, sous la conduite des bergers et de leurs chiens. Les bêtes sans doute un peu vives en cette première journée, doivent sauter, courir et voler l'herbe sur les bas côtés. Les chiens à perdre haleine doivent galoper, pressés et encouragés par la voix de leurs maîtres. Je l'imagine heureuse mon amie, à la tête de « ses » 600 brebis. Le troupeau doit fièrement porter les couleurs de ses propriétaires et les dessins de peinture permettront ensuite de les trier. Quelques pompons doivent orner les plus belles bêtes ou les plus familières. Je l'imagine mon amie, avançant le cœur léger, fière, sa chienne à ses côtés.
La première nuit a du être courte, festive et joyeuse et avant que le jour ne repousse la nuit, le troupeau a été remis en route.
10 juin...

5h du matin, il ne fait pas encore tout à fait jour sur la petite route. Le dos des brebis reflète les premières lueurs laiteuses et la troupe ondulante s'achemine, heureuse. Les bêtes avancent sans doute avec entrain, les chiens pleins de fougue et de fraîcheur, doivent devancer les demandes de leur berger. Leur métier, ils le connaissent et anticipent certainement les besoins.

Il y a peu de monde sur les routes de si bon matin et dans quelques minutes, un sentier pédestre permettra de quitter le goudron. La transhumance rend bêtes et hommes heureux. Elle offre joie et bonheur à qui croise ces magnifiques cortèges.

5h10... Au loin des phares apparaissent, trop vite, trop forts. La lumière s'intensifie et tout se bouscule. Malgré les cris, malgré les gestes, malgré les lampes agitées et les gilets fluo, malgré l'espoir et le désespoir, les yeux de la mort se rapprochent inexorablement. En un instant, la joie disparaît pour faire place à la terreur et l'effroi. Les phares maintenant aveuglants rejoignent les premières bêtes sans le moindre signe de ralentissement. Les hommes se jettent sur le côté, comprenant que rien n'arrêtera plus la folie de l'ivresse. Les chiens ont sans doute, eux aussi compris. Les 600 brebis ralentiront, seules la course folle des phares devenus démons mortels.

Longtemps dans la tête de mon amie, resteront les images des ses brebis prisonnières du piège destructeur. Longtemps elle reverra, ses bêtes se bousculer, s'envoler, être écrasées. Mon amie, ma bergère et sa douce chienne ont été épargnées. Parmi les bergers, l'un gardera une forte boîterie le temps de l'estive. Choqués les chiens longtemps garderont l'appréhension des véhicules croisés sur le chemin des pâturages. Ils iront travailler, encore et toujours. Par passion peut-être, par amour aussi, et dans leur course vive, ils emporteront en souvenir, la mémoire de ce petit chien gris emporté à jamais sur la route de l'horreur.

Sur l'asphalte au rouge goudron, gisent les brebis. Hurlant de douleur, les yeux révulsés de panique, elles voudraient encore se lever. Les hauts pâturages, vers elles font glisser son chant de larmes noyé. L'odeur de l'herbe écrasée au pas d'un troupeau heureux, rejoint ces bêtes éventrées. Elles ne rejoindront pas ces hauts herbages. Elles ne sentiront pas le frisson de ces matins frileux. Sur une petite route, à quelques mètres de la draille du bonheur, l'horreur a frappé.

Drapé dans ses oripeaux déchirés, l'alcool a tué. Au pied de la montagne en deuil, des hommes en pleurs se pressent. De leurs mains calleuses, caressent les bêtes fraîchement tondues. Les secours seront longs à arriver au pied de ses flancs abrupts. Alors de leurs doigts noueux, les hommes en un sanglot, les manches ensanglantées et l'âme dévastée, du tranchant du couteau, aident leurs bêtes à mourir. Au frimas du petit matin, leur plainte monte, terrible et déchirante, aux côtés des brebis par leur respect achevées. Ils n'en finissent plus de pleurer, ces hommes au cœur ravagé qui, dans un geste désuet, les yeux de leurs brebis ont fermé. Elles ne feront plus danser la sonnaille à leur collier sur les sentes escarpées. La route, éclairée des premières lueurs s'est parée de pourpre, l'horreur avec un goût de sang dans son habit rouge.

Celles qui se relèveront, iront sans doute tête basse, la marche douloureuse oubliant de faire chanter le Redon à la tôle cuivrée. Les longues cicatrices ralentiront leurs pas alors que leur ventre, par l'agneau arrondi, perdra ses douceurs rebondies. Elles n'appelleront pas leur tout petit à leurs mamelles alourdies. Elles iront le flanc creux de ces jeunes vies perdues au dernier regard de la lune.

Ma bergère a repris la marche. Je sais qu'à chaque instant, la peur accompagnera ses pas sur le goudron d'une route si rapidement meurtrière. Je ne sais pas comment ta nuit, elle pourra ne plus voir le regard fou de deux phares déchirant le petit jour.

La voix de mon amie résonne à mon oreille et je sais combien ce drame pèsera désormais sur sa vie. Il faut continuer à conduire les bêtes dit-elle, il faut qu'elles arrivent à l'estive... Oui il faut faire cela. Faire passer le bien être du troupeau avant celui du berger, mettre les brebis en sécurité, leur offrir les soins et les faire manger comme il se doit. Qu'importe si le cœur des hommes est lourd et s'il saigne. Qu'importe les cauchemars et la peine, les nuits sans sommeil et la haine... Loin du tableau bucolique, le respect et l'amour du troupeau, passe avant la détresse des hommes.

Cette année, je ne te souhaiterai pas, mon amie, une belle estive. Derrière ta voix, ce matin, j'entendais celles de tes amis encourageant leur chien et autour de cela la musique des cloches au cou des plus belles brebis. Il vous faut encore marcher, je le sais mais ce matin, les sonnailles avaient un chant lugubre, le glas faisait entendre son oraison autour du troupeau que vous poussiez.

Chez moi, il pleut mon amie mais je crois que le ciel pleure à tes côtés. Ses larmes effaceront le pourpre de ta route. Je te sais forte et assez aimante de ton métier pour savoir trouver la force de poursuivre cette voie où l'homme donne sans compter et s'oublie parfois en chemin. Tes pas doivent être lourds mon amie. La joie, en de fougueux sauts de cabris, ne doit plus bousculer le troupeau.

Le mal est fait et rien n'y pourra rien changer. Puisse la folie des hommes épargner désormais, le pas des brebis et de leurs bergers.

Retour d'estive

Paupières baissées, cils alanguis
Ils dorment tout doucement.
Leurs rêves dessinent les pieds des brebis
Sur les drailles aux milles tournants.

Ils ont gardé l'odeur des hauts plateaux,
Par le chant des sonnailles enivrés.
Ils vont encore au pas des troupeaux,
Magnifiques, les chiens de berger.

Pour les hommes l'estive est finie,
Les bons souvenirs chasseront les mauvais.
La vie de pâtre se choisit et se vit
Elle n'est pas facile mais vraie.

L'automne puis l'hiver dans leurs bras les blottiront.
La pluie lavera les blessures.
Demain avec leurs chiens ils repartiront,
Vers un troupeau de fière allure.

Que leur foulée souvent les mène
Vers mon repère ma tanière,
Où plus jamais les brebis ne se promènent.
Que leurs histoires en arrière me ramènent

Par leurs récits partagés
En estive je retournerai
Dans la cabane je me blottirai
Grâce à eux bergère je resterai

Mon agneau envolé

Comme un cliché un peu flou,
Les instants au rythme fou,
Heurtent ma mémoire,
Bousculent mes heures noires.
S'envolent les projets,
Disparaissent les rêves éveillés.
Il aura fallu tellement peu
Pour qu'à jamais s'éteigne le feu.
Le ciel en furie fait courir ses nuages,
Aux cimes des arbres, arrache le feuillage.
Il n'est pas de mal plus douloureux,
Qu'un espoir trop tôt parti aux cieux.
Reste la souffrance
Sur le chemin de l'absence.
Volent, furtifs les pâles souvenirs,
Résonnent, trop brefs les rires.
Où sont-ils aujourd'hui ces rêves ?
Les conserves-tu par delà ta trêve ?
Que deviennent les âmes envolées,
Lorsque leur vie leur est volée ?
Qu'il te soit offert de ne ressentir
Que cette tendresse première en souvenir.
Qu'à jamais s'effacent ces instants suspendus,
Ces moments, miens désormais où je t'ai perdu.
Trop fugace notre rencontre éphémère.
Trop brèves nos heures bergères.
Si léger, si léger, mon agneau au loin tu voles.
Délicat et tendre sur les voiles d'Éole.

Je reste là,
Perdue sans toi.
L'âme au vent,
Le cœur ballant.
Je reste là,
Me demandant pourquoi.
Je me souviens des étoiles,
D'une nuit comme une toile.
Le silence, douce caresse,
Témoin de nos premières tendresses.
La voûte de diamants,
Témoin de nos premiers instants.
Quiétude cristalline à l'air vibrant,
Il n'y avait que toi, moi et le vent.

Bélier nouveau

Par pudeur sans doute,
La nuit sur notre route,
Allongeait ses noires dentelles,
Étirant ses ombres aquarelles,
Effaçant détails et contours,
Dessinant aux rêves ses pourtours.
Aux cieux la grande ours dormait,
Dans ses satins d'ombres colorés.
Sous la voûte parsemée, doucement,
De paillettes aux éclats d'argent,
La lune dans les flaques se mirait,
Belle en habits de soie dorée.
Frissonnantes, les étoiles, leur vol ont suspendu.
Aux cimes, soudain le vent s'est tu !
Le disque d'or, bouche bée, son miroir a oublié,
Observant ébahi, l'agneau nouvellement arrivé...
Sa douce toison éclairant la nuit,
À pas confiants et sans bruit,
Il a rejoint le troupeau,
Brillant alors d'un éclat nouveau.
Le jeune animal, loin des siens,
Aux miens, s'est mêlé, calme et serein,
À ces autres, inconnus mais semblables,
Qui, désormais, seront ses balades.
Les étoiles en bouquets,
Cet instant ont capturé,

Illuminant l'abîme aux noirs velours,
Autour de mon jeune bélier et sa cour.
Mon agneau au nez de suie,
Mon beau aux yeux maquillés de nuit,
Petit bonhomme couleur de rêves,
Ce soir l'hiver fait une trêve.
Mes doigts perdus au creux de ta douceur,
Tracent un sentier accroche-cœur.
Un chemin partition,
Aux notes passion.
Demain il fera jour,
Tu es à moi pour toujours.

Aveu

C'était il y a quelques jours...
Février réunissait alors les amoureux autour de son 14ème jour.
Seule, l'âme en peine je déambulais les épaules lourdes, sous le ciel gris.
Il était là, son joli damier, disposé autour de ses yeux bruns. Les cornes enroulées à son large front, pointaient dans ma direction. Paisible, il m'attendait, serein au milieu de sa pâture, le regard confiant et calme.
Mon mouton au noir museau, mon beau lainé à la toison ondulée. Tu me regardes et seul, assuré, devançant les tiens tu avances vers moi.
À tes côtés se tient ton frère jumeau. Ses yeux maquillés par une main fatiguée sont entourés de leurs ombres inégales. Son large front portant ses fiers ramages était tourné vers moi. Comme il te ressemble, lui pourtant si différent !
Hésitant au milieu du champ il observe avec insistance. Je sens ses émotions étroitement mêlées... approcher et briser la distance, risque qu'il étudie depuis de nombreux mois. Rester en retrait, habitude ne semblant plus le satisfaire... À la frontière de deux mondes, il se tient, passager clandestin, ne sachant pas s'il osera le dernier pas vers l'inconnu.
Mon beau mouton me rejoint. Volant à mes doigts les effusions qui sont nôtres, il s'abandonne en un long soupir. Ses lèvres jouent à mes tissus alors que s'allume son regard taquin.

Suivant son jumeau, l'autre, un peu en arrière se maintient. Conservant cette distance infime dont il a encore besoin.
Je sens sa volonté et j'observe son anxiété. Du front il repousse ma main alors que ses épaules avancent vers moi. Animal en équilibre entre deux mondes, il m'observe et se questionne Jamais très loin mais toujours inaccessible.
Sous la bruine cachant ma peine je le regarde alors qu'à mon manteau joue son jumeau.
Aujourd'hui est un jour particulier... Le 14 février. Un jour où pleure le ciel sur mes épaules nouées.
Il me regarde. Je cligne lentement les yeux. Derrière ses longs cils ses paupières se baissent et me répondent. Son front est posé à mes doigts. Immobile le temps retient son souffle.
Ma main glisse sur sa joue alors que son regard reflète la confiance.
Aujourd'hui, en ce jour où février réunit les cœurs, un mouton m'offre le sien. Sous le ciel en larme nous restons là. Sa toison ruisselante, mes cheveux trempés, l'un près de l'autre au delà des dernières frontières. Malgré mes épaules trop lasses, malgré les noirs oiseaux au nid de mes cheveux fous, je regarde ce mouton et doucement je souris.
Sous mes doigts ses joues... il a pris le temps dont il avait besoin et puis, choisissant son heure et son jour, il m'a rejointe.

À ses cornes enroulées

Faut-il encore le présenter,
Ce mouton qui occupe mes journées ?
Qui saura son nom me donner,
Et son histoire me raconter ?
Il accroche à ses cornes enroulées,
Le sourire qui ravit mon aimé.
Il cache à sa laine ondulée,
Mes joies et mes rêves secrets.
À son œil luisant de fierté,
Je vois le monde et sa beauté.
Il est mien, loin des conventions ouatées,
Il est mien, en confiance, abandonné.
C'est étrange, dérangeant, je le sais...
Faites taire vos maux, vos préjugés.
Je me moque de vos sarcasmes dissimulés,
J'aime ce mouton aux yeux tâchés.
Il ne m'a jamais jugée,
Alors que son noir nez.
À mes mains se frottait.
J'aime ce mouton au nez busqué,
Jamais il ne m'a dépréciée,
Alors que ses yeux ambrés,
Aux miens noyés se plongeaient.
Qu'importent vos pensées,
C'est à mes côtés qu'il vient s'allonger.
Ce mouton qui occupe mes journées,
Porte à ses cornes enroulées,
Le sourire que j'offre à mon aimé.

Séverin au silence du fort

Toi et le silence, entre les murs de notre fort,
Lorsque du troupeau, tu sors,
Pour venir jusqu'à mon port,
Mon mouton chaque jour à mon décor.
Paisse le troupeau, aux vastes pâtures,
À mes côtés, loin de toute armure,
Tu portes mes rêves entre les murs,
Mon ami, belle aventure.
Étrange, compagnie qu'un laineux,
Auprès de sa bergère, heureux.
Cornes enroulées, majestueux,
Tu offres tes soies à mes cheveux.
Comprenne qui pourra,
Passe le rire des parias,
Loin du bruit et de l'effroi,
Sans bruit à côté de toi.
Passent les heures, les mois, les ans,
Hier, demain et maintenant,
Pour nous deux retenir le temps,
Tout arrêter et capturer l'instant.
Pas après pas, à mes pieds ta confiance,
Ton amitié comme une évidence,
Au vent, confier ta méfiance,
Mon cœur au tien, ultime transhumance.
Pour toi, nulle contrainte,
Libre de venir sans crainte,
À ma foulée, toujours ton empreinte,
À ma main une douce étreinte.
Toi et moi sous le regard de notre fort,
Mon beau mouton, mon réconfort,
Mon secret, mon doux trésor,
Séverin, mon damier bicolore.

Laine apprivoisée

Alors que les mots lasses
Sont devenus des mots tus
Alors les maux tus
Deviennent émaux vus
Lorsque le silence trop bruyant
Arrache cris et larmes aux heures
C'est au fond de tes yeux, sans peur
Que je viens chercher le reflet de ton cœur.
À ta force j'appuie ma faiblesse
À ta chaleur je chasse le froid
Oubliant auprès de toi
Les questions, l'effroi, les pourquoi.
Tu n'es que toi, bien plus que moi.
Un peu de vie, un peu d'espoir
Un peu de rêve si loin du noir
Un de beau dans le miroir.
Tu es ce bout de moi arraché à ma vie
Cette part d'insouciance effacé par les ans
Ce morceau de confiance détruit par le temps
Tu es cette histoire belle portée par le vent.
Des lettres emmêlées au creux de ta laine ébouriffée
Mes doigts, en caresses déposées, à tes cornes enroulées
Ma joue posée, à ton front doucement busqué
Ton regard confiant offert à mon cœur malmené.
Tu es cette liberté apprivoisée
Cet ami au cœur léger
Cette lueur au fond du pré
Tu es un peu de moi que personne ne connaît.

Aux champs noyés

L'eau rageusement bouillonne emportant à son flux colérique les pâles rayons du soleil.
Pressant les parois d'argile, les flots au dos brun, bousculent leur lit corbeille.
Gronde leur colère alors que se taisent les oiseaux malmenés par le vent.
Les champs frissonnent et se noient sous leur épaisse couverture trempée de tourments.
Le ciel lourdement chargé, agite ses épaisses tentures grises.
Se fissure l'horizon sous les mâchoires d'acier de la bise.
Le regard triste, empli de larmes, les cieux se meurent en un hoquet,
Et sur les vastes étendues, s'écoulent, déversant des torrents par milliers.
La main gantée d'or a fui loin de ce pays où règne le chaos.
L'azur, aujourd'hui, est mort, écartelé sur l'échafaud.
Disparaissent les vertes prairies devenues sombres miroirs.
Il aura fallu la furie céleste pour que disparaisse l'espoir.
Le jour est noir, aux flaques se mirent tes yeux fatigués et cernés,
Des nuages éventrés, épuisés d'avoir cru et lutté.
Au loin, serré et inquiet, tremble un blanc troupeau.
Les bêtes aux cornes enroulées cherchent refuge à leurs coteaux.

Des vignes inondées, aux chemins détrempés, le piège les retient.
Les pieds baignant à la marée elles attendent, gardées par un chien.
Patientes elles observent la silhouette veillant, sur un rocher perché.
À pas comptés, doucement poussées, elles rejoindront le nid douillet.
Le tapis de paille doré pour accueillir leur toison mouillée.
Au creux de la bergerie, elles dormiront, à l'abri, protégées.
Les grandes brebis malmenées par le temps, ce soir mangeront aux râteliers.
En leur bercail retrouvé, elles rêveront aux jours meilleurs bientôt retrouvés.

Tempête aux portes de la bergerie

Plus rien ne bouge, les bruits se sont tus.
Cachés entre roches et fourrés ils ont disparu.
Silencieux, le monde prend sa respiration.
Muet, empli de rage, il gonfle ses poumons.
Noirs, aux cieux lourds et gris,
Les nuages aux pâtures frottent leurs plis.
Emplis de tourments, de colère, de furie,
Ils glissent, menaçants, sur leur ventre rebondi
Faisant ployer les cimes tremblantes,
Allongeant l'herbe frissonnante.
Les vastes étendues, l'échine courbée,
Se taisent, inquiètes, terrorisées.
À l'azur encre de Chine,
De blancs moutons se dessinent.
Têtes dressées, oreilles pointées,
Ils observent apeurés.
Serrés, comme prisonniers
En leur prairie, de silence écrasés.
Leur pays, où se mêlaient chants d'oiseaux,
Et bruissement ondulant des roseaux ;
Est aujourd'hui contrée, bâillonnée,
Sans paix, ni beauté.
Serpent perfide sifflant sa haine,
Le vent soudain a caressé la plaine
Poussant les bedaines remplies de larmes,
Les écorchant aux branches devenues armes.
Tombent, lourdes et tristes les perles de pluie,
Le jour vaincu ressemble à la nuit.
Au paysage dévasté une flèche d'or apparaît.
Bousculant le vent, un chien galope au pré.
Sa course puissante pousse les lourds nuages.
Il va, il court, il vole, sur le vert tapis pâturage.
Flamme robuste luttant dans la tourmente,
Il avance, filant, dans la nature devenue démente.

Sa course rageuse est lutte avec le temps,
Nulle peur n'alourdit son corps ardent.
La colère des cieux est devenue grondements,
Éclate sa fureur en un sourd roulement.
Ivre de rancœur face à ce roux voyageur,
Se déchaînent les éléments au courroux ravageur.
L'eau, rideau alourdi, efface le paysage,
Le vent, hurlant, violent a brisé sa cage.
Le silence a fui loin, bien loin,
Le chien n'est plus qu'un point.
Haletant, acharné, il rejoint le blanc troupeau.
Au corps des brebis la laine n'est qu'oripeaux,
Longues toisons devenues trop lourdes à porter,
Sous les cieux déchaînés elles refusent d'avancer.
Affolées, tête baissée, elles offrent leurs cornes enroulées
Au chien par sa folle course épuisé.
Longtemps il lutte seul contre bourrasques et bêtes.
Chacun de ses pas éloigne la défaite.
Avance, au champ dévasté, la troupe paniquée,
Sous la pression du berger par l'effort éreinté.
Sa fourrure dégoûtante porte le poids des cieux,
Ses flancs haletants palpitent au rythme du vent belliqueux.
L'écume blanchit ses lèvres grandes ouvertes,
Il cherche l'air à travers l'étendue verte.
La pâture est devenue miroir
Où se mirent les nuages noirs.
Aux râteliers s'affaire la bergère
A installer la ration fourragère.
Rassurées, enfin, courent les pattes graciles,
Vers la bergerie salvatrice.
Sur la paille dorée dansent les pieds.
Dans une flaque le chien s'est écroulé.
Une main vient le flatter, il se lève chancelant.
Glisse le lourd panneau de bois grinçant.
Gronde la tempête, les brebis sont à l'abri
Derrière les portes de la bergerie

Naissance

Au creux de leur abri
Dorment les brebis.
A l'or de la paille étalée,
Elles rêvent aux premières gelées.
L'une d'elle se lève et s'étire,
Puis dans un coin va se blottir.
Du pied elle gratte, tourne et vire,
Ne sachant quelle contenance choisir.
Le nez tourné, elle regarde, l'œil brillant,
L'arrondi de son flanc palpitant.
Le ventre, par les mois, alourdi,
Frissonne, se tend et frémit.
Aux yeux de la brebis isolée,
Une flamme nouvelle est née.
L'odeur du foin au râtelier,
Ne retient plus son appétit aiguisé.
Elle cherche sans trouver,
Une posture qui pourrait l'apaiser.
A l'inquiétude répond le calme,
D'une nouvelle aventure qui se trame.
Sur le flanc, arque boutée,
Elle laisse son instinct la guider.
Bientôt il sera là, son tout petit,
Son nouveau né, son agneau, nouvelle vie.
Le ventre en flammes emporté par la tourmente,
Le souffle court, la respiration haletante,
Elle offre dans sa bataille,
Le fruit de ses entrailles.
Dans le silence de la bergerie,
Soudain éclate un cri.

Frêle sur ses pattes malhabiles,
L'agneau avance comme un funambule sur son fil.
Sa jeune existence trébuche et chancelle
Alors qu'à ses côtés sa mère bêle.
Perdu dans la laine nourricière,
Le petit aspire le lait de sa mère.
L'écume blanche goutte à son menton,
Alors qu'en lui la vie se fond.
La brebis s'endort, épuisée,
La tête sur son nouveau né, posée.
Tout est calme aux portes de l'hiver,
Le troupeau somnole sur son épaisse litière.
Au faîtage de la bergerie,
A la chaleur de son nid
L'hirondelle s'est endormie
Protégeant de son aile ses petits.

L'ange en bergerie

Ne pouvant me blottir entre tes bras je suis partie visiter la nuit. A ses sombres allées un bouquet d'étoiles j'ai cueilli. La lumière manquait pour les arranger bien. Alors, contre moi serrées, par brassées je les ai emportées. De hautes herbes perlées de rosée, je les ai liées. Nichée en un petit chemin cailloûteux, une petite bergerie m'attendait.
La porte ouverte invitait à entrer. Sur des bottes de foin je me suis installée. A la lueur de mon bouquet, une ombre s'est allongée. A mes côtés, sans parler, il s'est installé. Ses yeux souriaient alors que ses doigts trituraient son habit. Il était calme, silencieux. Seuls ses doigts bougeaient, nerveux. Il n'était pas inquiétant et semblait las. J'ai posé mes doigts aux siens. Son regard rieur est devenu grave. Peut être était il triste ? Ma main couvrant la sienne, j'ai fermé les yeux, posant ma joue sur son épaule.

Un frisson parcourait ma peau. Je me suis éveillée.
Mon bouquet éclairait faiblement un agneau endormi. Dans ses yeux brillait une lueur d'étoiles. Les bêtes alanguies à l'orée de la nuit, ne faisaient pas de bruit. A ma tempe, d'épaule point, sous mes doigts aucune main. Dans la petite bergerie, j'étais, seule avec ma douce rêverie.

Aux premières lueurs d'une aube recouverte d'un épais brouillard, j'ai quitté ce nid douillet. Dans mon cœur, son regard. Étoile accompagnant mes pas, m'évitant pièges et embûches.

A mes doigts la chaleur des siens réchauffait mon cœur. Son souvenir rendait légers mes pas. J'ai marché sans peine pour rejoindre ma demeure. Sous les draps, je me suis allongée, toujours je rêvais. Son regard rivé au mien, j'ai fermé les yeux me demandant ce que son silence avait tu.

Des étoiles en bouquet, au creux d'une petite bergerie, dormaient. Les verrait-il, lui voyait avec le cœur... Des étoiles pour lui dire ma tendresse et même plus. Des étoiles pour faire briller ses yeux et rendre légers ses pas. Souvent la nuit j'irai m'installer au creux d'une petite bergerie, là où il a accepté mes doigts mêlés aux siens.
Souvent je lirais le message caché à son sombre regard. Si au matin, il trouve une blanche plume au foin mêlé, il saura qu'un ange est venu chercher refuge en ce lieu secret. Il saura qu'un ange pour un instant de repos peut marcher longtemps en cueillant des étoiles par brassées.

Orage en montagne

...C'est ainsi que, les jours passants, je me glissais entre les troncs, où nous avions vite pris pour habitude, de nous lancer dans de longues discussions. Elle se livrait au travers de récits. Avide, j'écoutais. Elle m'expliquait le chant des oiseaux, le bruit du ruisseau. Je la laissais parler ou se taire puisque le vide du silence ne nous gênait guère. Elle m'entraînait dans ses histoires, je lui racontais mes maux, nos paroles comme deux valseurs laissaient filer le temps. Je lui confiais mes chemins souvent difficiles, mes envies nouvelles de nature et d'animaux.

Elle me racontait ses amis bergers, l'odeur des brebis, la naissance des agneaux aux creux des bergeries. A l'écouter, j'imaginais les montagnes semées de troupeaux immenses, le bruit des sonnailles balançant au cou des brebis transhumantes. Je voyais le chien, langue pendante, allongé au ruisseau à la recherche d'un peu de courage pour reprendre le travail. J'entendais le sifflement du berger, sa grosse voix rauque s'élevant après les moutons. Je sentais l'odeur de l'herbe des montagnes, par les brebis, foulée. L'air tonique courait soudain sur moi m'apportant le frisson, tandis qu'au loin résonnait l'orage approchant.

La montagne était noire, les bêtes, vers le parc, se pressaient. Au bord de l'asphyxie, le chien les poussait. Devant le troupeau, elle marchait hâtivement, cherchant à mettre ses bêtes aux abris avant le déluge accourant. Enflant entre les montagnes, le tonnerre roulait, faisant résonner son grondement entre les flancs soudain recouverts de brume. Appelant à l'aide, le chien aboyait de façon anormale. Courant le rejoindre, elle délaissait la tête du troupeau. Le plus jeune agneau, encore grelottant de son arrivée matinale, ne suivait plus la course. Ses jambes tremblantes ployant sous le rythme infernal. Le chien n'osait pas bousculer cette jeune bête. Emportée par le flot de toisons d'eau dégoûtante, une brebis, la voix grave, au loin appelait son agneau.

Soulevé du sol, protégé entre ses bras, le petit s'est retrouvé, contre sa poitrine. Repartant à l'assaut du troupeau, le petit chien gris, s'est remis au travail. Poussées avec vigueur, les bêtes avaient pris la course, cherchant la sécurité aux clôtures familières où, serrées les unes aux autres elles attendraient la fin de l'orage. La cabane n'était qu'à quelques pas quand un rideau a effacé le paysage. Épais, le brouillard a fait disparaître le toit du petit habitat alors que s'abattait la pluie en torrent.

En un instant, elle avait perdu de vue son troupeau. Seuls les aboiements de son chien, lui indiquait qu'il œuvrait toujours. En son cœur, le tonnerre faisant résonner ses peurs d'enfants. Le chant galopant des sonnailles, se mêlait à la furie des éléments. Disparu à la suite du troupeau, elle savait que son chien veillerait, ne trouvant repos qu'à la dernière bête poussée.

La cabane était là, il suffisait d'en pousser la porte pour se mettre enfin à l'abri. Enfermant l'agneau sous son manteau, c'est vers le troupeau qu'elle a dirigé ses pas. Haletant aux portes de l'enclos, le chien attendait. Loin des dangers de la montagne en furie, avec assurance, il maintenait les bêtes, rendues nerveuses par l'orage. Enfermant le troupeau d'une main, contre elle, elle protégeait toujours le jeune agneau.

Isolée, en retrait du troupeau serré, en dehors des clôtures, une brebis, à voix grave bêlait. Sortant l'agneau des chauds replis, elle approcha le petit de la blanche brebis. Approchant le nez de son nouveau né retrouvé, la mère confiante, emboîta le pas de l'étrange convoi.

Le chien suivait l'étrange ballet à petits pas. Soudain il était très las.

Déposant, l'agneau au refuge d'un appentis appuyé à la cabane, d'une main vigoureuse, elle le bouchonnât. La paille odorante, brillante, séchât le petit animal. A ses côtés, sur une couche dorée, la brebis attendait, confiante.

Les blondes boucles de la bergère n'étaient que ruisseau à son visage trempé. D'un revers de main, elle repoussa les mèches dégoulinantes. A ses cils, la pluie avait offert un collier de perles. Otant le joyau, elle reprit son ouvrage. L'agneau une fois sec, elle caressa son dos frémissant et le regarda rejoindre sa mère. Filant contre la chaleur réconfortante de la mamelle maternelle, il calma sa jeune peur, à grande goulée de lait chaud. Sa mère, sur la petite queue frétillant de bonheur, soufflait doucement. Derrière la porte de l'appentis fermée, la mère et son petit étaient en sécurité.

Perdue dans le déluge, la cabane tremblait mais résistait. Quelques boules de papiers, une allumette, des brindilles et dans le petit poêle un feu crépitait. Epuisé, étendu sur le blouson de sa bergère, face aux flammes, un petit chien gris dormait.

Et je l'écoutais, sentant l'odeur du chocolat chaud faire monter en moi l'envie. Je voulais cette vie simple, sauvage et sévère. Alors je buvais ses paroles, comme elle avait bu son chocolat, un jour d'orage, avec délice et calme. Je regardais son petit chien gris et poilu d'un œil nouveau, comprenant mieux cette fougue derrière ces yeux. Je voulais rencontrer ces gens, écouter leurs histoires et les vivre avec eux...

Chaume

Sur l'herbe jaunie
Craque le pas des brebis
Le temps des pousses douces s'est enfui
Dévoré par les crocs d'un soleil en furie.
Tête basse elles marchent les brebis,
Par la chaleur abruties,
Le pas lent, abasourdies,
Cherchant l'ombre alanguie.
Leurs cornes enroulées,
Semblent lourdes à porter,
Leurs yeux de noir cernés,
Fouillent l'espace brûlé.
Le troupeau avance à pas comptés,
Poussé par un chien essoufflé,
Par sa bergère encouragé,
Il trotte épaules lassées.
Sous les arbres aux lourdes branches,
Le ciel en avalanche,
Regarde et se penche,
Au dessus des bêtes blanches.
S'arrête la troupe à la légère fraîcheur.
Le chien cesse son labeur,
Cogne son cœur,
Aux portes du bonheur.

Son œil brille
et sourit,
Il fatigue mais
jamais ne faiblit,
Jeune animal aux
pattes fléchies,
Il repose dans l'herbe flétrie.
Heureux du travail accompli,
Caressé par une main amie,
Il s'abandonne, détendu, conquis,
Rêvant sous un arbre assoupi.
Une à une se couchent les lainées,
À la recherche du repos mérité.
L'air est lourd, brûlant, saturé,
Sur les belles toisons allongées.
Au tronc rugueux adossée,
La bergère s'est appuyée.
La joue sur son bras replié,
Elle repose auprès de ses aimées.
Le tableau paisible de feu souligné,
Arrête l'œil du visiteur intrigué.
Le temps ici s'est arrêté,
Bercé par un instant berger.

Enfance

Loin de l'orage et de ses affres
Loin des tempêtes et de ses larmes
Dans la douceur d'une pâture
Sous l'œil vert de la nature.
Loin des tourments et des blessures
Loin de la guerre, des salissures
Sous la caresse du soleil
Une histoire sans pareil.
Quand les enfants jouent aux soldats
Quand les hommes mènent d'étranges combats
Quand les vies se brisent sous les fusils
Quand l'envie dans les cris s'enfuit
Loin des conventions, des ambitions
Sans suspicion ni trahison
La confiance pour toile de fond
Un enfant aime un mouton.

Silence

Au silence il ne faut parfois rien ajouter.
Juste ne rien dire et profiter de l'instant.
Pour ne pas les troubler, oublier de respirer.
Du bout du cœur retenir le moment.
Auprès de tes moutons, tu viens rêver.
Mon tout petit, mon enfant des champs.
Garde ton âme caracolant aux verts prés.
Mon doux petit devenant grand.
Demain est loin encore, ne sois pas pressé.
Laisse ton âme à tes moutons blancs.
Aleur laine accroche tes souhaits.
Ils les exauceront, sois confiant.
Aleurs cornes enroulées,
Ils portent tes rires d'enfant.

Campagne

Quelque part, au loin, sonne le clocher,
Par-dessus les arbres je l'entends chanter,
L'esprit encore embrumé, j'ai compté,
Il n'était pas encore l'heure de se lever.

Le soleil était encore couché, il rêvait,
La lune parmi les étoiles brillait,
Je me suis rendormie, un sourire à mes lèvres posé.
« Mon pays est en vie » ai-je pensé.

Au matin j'ai ouvert les volets,
A mes pieds des vaches passaient,
Leurs sabots sur le bitume, des traces dessinaient,
Leurs lourdes sonnailles, à leur cou, se balançaient.

Au bleu nuit de l'azur, le petit jour se mêlait,
Quelques nuages légers portaient des robes irisées.
A la fenêtre, l'odeur du troupeau flottait.
« Mon village est une chance » ai-je soupiré.

Au bas de la rue, le coq, sur ses ergots se dressait,
La crête, fièrement vers les cieux levée,
A pleins poumons, il chantait,
Heureux d'être au matin le premier.

Le ciel, de rose, de pourpre et d'or parsemé,
Commençait doucement à briller,
L'odeur du pain grillé embaumait,
« La vie est belle » ai-je pensé.

Un tracteur, au petit matin toussait,
Voilà pour lui, l'heure d'aller labourer.
De la terre éventrée, retournée,
La poussière bientôt par nuée.

L'horizon lointain n'était qu'un trait,
Entre les champs et l'espace, posé
Sur lequel les premiers rayons s'étiraient.
« Que dure le bonheur » ai-je songé.

A la mare, les grenouilles croassaient,
Dans leur pré, les chevaux hennissaient,
Aux branches les cigales s'agitaient,
Pressés, les chiens aboyaient...

Il n'y avait aucun bruit, à ma campagne adorée,
Seulement la vie qui palpitait,
Les hommes qui s'affairaient,
L'espoir que demain tout puisse recommencer.

« Je suis en vie » voulais-je hurler.
Je n'ai rien dit, préférant écouter.
Ces bruits que certains détestaient,
Ils étaient la vie qui me nourrissait.
Ma campagne est en vie
Tant qu'elle le sera, je le serai aussi.
Au loin le mouvement, la furie,
Un klaxonne, un cri.

Sous les toits serrés et gris,
Sur le bitume alangui,
Courent des hommes en sursis,
Pleurent des femmes aux portes du dépit.

Sur des trottoirs couleur folie,
Traînent des pieds, semelles de nuit,
Portant des regards abasourdis,
Aux yeux nuancés oubli.

Pressés, malmenés, abrutis,
La foule se masse aux rues obscurcies,
Elle se bouscule aux ruelles de l'oubli,
Oubliant les rêves depuis longtemps évanouis.

Hurle la cité aux mille cœurs transis
L'avion déchire le ciel et s'enfuit,
Les roues sur le pavé terni,
Crissent et rugissent à l'infini.

Est-ce seulement du bruit,
Que ce lieu étourdi,
Offre aux passants ébaudis,
Ou bien le chant d'une vie au bonheur tari.

L'enfant, innocence, regarde ébahi,
Poindre l'azur aux cieux ternis,
Étonné qu'une lueur tapie,
Puisse rejoindre ses cils ravis.

La main tendue, il cherche avec envie,
A toucher l'astre aux cheveux jaunis.
Dans sa ville clouée au pilori,
Danse alors l'espoir entre les bâtis.

Le bambin saute et rit,
Pour un instant il oublie
Le sombre, le noir, le gris,
Il chante, ode à la vie.

Ses doigts arrachant le cambouis,
Il a défait les rues noircies,
Le poing levé sur sa ville occise,
Il a lancé un fou pari.

« Je vais vivre » claironne-t-il
Aux pavés meurtris, démolis,
Je sèmerai prés et champs fleuris,
Je cultiverai l'art du respect d'autrui.

A flanc de montagne

Bercé à flanc de montagne, s'endort le village
Il a cent ans, il a mille ans il n'a plus d'âge...
Pays aux longues murettes de pierres,
Acharnement des gens d'hier,
Les Causses, étendent leurs beautés,
Au calcaire gris de trop nombreux rochers.
Les châteaux écartelés aux flancs lacérés,
De sanglantes guerres laissent deviner.
Les galops effrénés des chevaux caparaçonnés,
Se sont tus aux falaises escarpées.
Le fer des épées ne blesse plus le silence retrouvé,
Les seigneurs épuisés, les croisades ont abandonnées.
L'azur par le soleil éclaboussé,
Se mire à la vallée du Céré.
Serpent de cobalt et d'émeraude,
L'eau promène du jour à l'aube,
Caressant les pieds alanguis
Du bourg endormi.
Dans son écrin de nature,
Il dort dans son habit de verdure.
Ses toits fièrement dressés,
Souvenirs de batailles passées,
Pointent vers les cieux, apaisés,
Protégeant les masures aux murs empierrés.
Ouvertures étroites, frileuses ruelles,
St Cirq est beauté éternelle,
Offrant aux âmes poétesses,
Ses secrets et sa joliesse.

Derrières les lourdes portes du passé,
Reposent trésors par milliers.
L'odeur du bois tourné,
A celle du vin est mêlée,
L'argile se plie aux mains agiles,
Devenant statues graciles.
Aux glissantes passes escarpées, les boutiques,
S'accrochent, minuscules, intimes, magiques.
Les artistes s'y affairent avec goût,
Proposant, joujoux, froufrous et bijoux.
Lorsque repu de la visite, le pèlerin,
Pose son bagage en ce lieu divin,
Sonne l'heure, tombée du haut clocher,
Avant de rouler sur le doux pavé.
Sous la glycine, chaises et tables,
Accueillent les promeneurs affables,
Rapprochent les mains aux tendres effusions,
Capturent les regards lourds d'émotion.
Ici le temps s'arrête, le souffle court,
Autant que dure le séjour.

Ruelles escarpées

Les ruelles escarpées se grimpent à pas comptés
Un pas après l'autre lentement, toujours monter,
Pour au sommet, voir, émerveillé, sous nos pieds,
La ville, comme une vaste robe entre les monts s'allonger.
Au fil des rues étroites, se gardent les secrets,
Par les ans, précieusement conservés,
Ils s'offrent, à qui sait voir les yeux fermés,
A qui sait, le silence, écouter.
Les vieilles pierres, soutenant les murs lézardés,
Ploient sur le fardeau de longues années.
Les ronds pavés, par le soleil enivrés,
Luisent, sous la pénible avancée.
Les promeneurs, le dos voûté,
Parcourent la ville à petites enjambées.
Leurs semelles dans les allées usées,
Découvrent les trésors cachés.
Mystères à la magie jamais dévoilée,
Les venelles, s'avancent, étroites et ombragées.
Nonchalantes, aux fenêtres calfeutrées,
Ecrin pour un joyau conservé.
Lorsque s'endort le souffle de la cité
Au chant profond du lourd clocher,
S'étirent au bitume les foulées,
Disparaissent les voyageurs derniers.
Derrière les volets justes fermés,
Les voix seulement murmurées,
Laissent au dehors sur les ronds pavés,
Les confidences rebondir et glisser.
Il n'est plus l'heure de flâner,
Les marcheurs fatigués,
Leur logis ont regagné
Emportant le souvenir des ruelles empierrées.

Ruelles

Sur les pavés au dos arrondi,
Glissent les ans à l'infini.
Murmures de satin
Bruissements de mains.
Les secrets, soies légères,
Recouvrent les ruelles mensongères.
Le vent soulève les oripeaux,
Effaçant le laid, offrant le beau.
Les voiles, volent et s'envolent,
Disparaissent aux doigts d'Éole.
Flottent les drapeaux au profil d'une rue escarpée.
Ils dansent par les vents doucement caressés.
Les lourdes portes de bois verni,
Gardent leurs mystères au fil du temps chéri.
Aux cieux se dressent l'imposante cathédrale,
Où Sainte Anne veille sur son piédestal.
Ruelles étroites, fontaines claires, volets tirés,
Les pas résonnent, discrets, sur le pavé velouté.
Le long des murs de pierres grises,
Courent les rampes, longues frises.
Leurs ombres de noir vêtues,
Épousent la nuit le soir venu.
Chaque pas est un soupir,
Chaque pas est un sourire,
La ville est souvenirs,
Dormant aux portes du désir.

Statue

Le soleil à l'horizon la drapait de soies dorées.
Au couchant ta dame de fer dormait.
Sa couronne d'étoiles sur son front, posée,
Sur ses joues, ses ombres, fait danser.
En haut d'un mont, sur sa ville elle veille.
Statue de fer d'une guerre en sommeil.
Faite de canons par les ans couleur vermeille,
Désormais elle est douceur sans pareille.
Serpente une route petite et ombragée,
Contre laquelle, de pierres, court un muret.
Serrés, les amoureux viennent s'y installer,
Ensemble ils observent le soleil se coucher.
À bien y regarder on pourrait surprendre,
Sur le visage de fer, un regard tendre,
Pour deux cœurs que l'amour transcende,
Pour cette passion que le temps va suspendre.
À son œil d'acier, le soleil, dans une larme se mire,
Sur sa joue une larme roule et chavire.
Elle sait que temps compté, va accomplir,
Son œuvre, la pire, triste et terrible, sans faillir.
Au couchant, statue de fer, lasse et impuissante,
Elle contemple, deux âmes belles et confiantes.
Les heures assassines, brisent parfois, les amours trop brillantes,
Endeuillant les passions trop aimantes.
Elle n'y peut rien du haut de son rocher,
Elle n'y peut rien sinon pleurer.
Elle n'y peut rien sinon espérer,
Qu'un jour l'amour réunisse ces deux cœurs séparés.

Mon chien

Le ciel pâle d'automne se reflète en ton regard d'azur. Dans le feu de tes prunelles je vois mon horizon. Cette force qui est tienne me porte et me transporte. Mes yeux jamais ne se lassent de ton galop souple t'envolant à travers les verts pâturages. Qu'importe l'instant, qu'importe le temps, toujours ta robe aux reflets flamboyants est une oriflamme aux couleurs chatoyantes.
Que la rosée secoue le blanc matin laiteux alors qu'explose ta course folle dans des hautes herbes lourdes de perles de nuit.
Que se taisent les cigales aux flammes d'une journée étincelante alors que tes ors et tes cuivres fendent l'espace inondé de chaleur.
Que les bras nus des arbres frissonnent alors que ta foulée rageuse arrache aux branches ses derniers atours.
Que le silence givré tintinnabule de cristaux glacés alors que ta robe de braise fait trembler la nature endormie par l'hiver.
Mon prince des 4 saisons, mon ami de chaque instant, mon roi de tous les moments, mon allié de tous les temps. Toi qui as retenu mon regard et as glissé jusqu'à mon cœur. Toi qui m'as donné sans compter et m'as offert tous tes excès. Souverain en mon royaume, complice en ma cabane, monarque en mon palais, camarade en ma chaumière, tu es présent en la demeure de ma vie, de mes larmes à mes coups de folie.
Red, mon autre moi, mon âme sœur, ma force et ma foi. Tu n'es pas mon ombre mais mon soleil. Red comme une évidence depuis toujours, comme une certitude sans cesse renouvelée.
Qu'importe ton appartenance, tu es mon confident, mon ami, mon soutien. Nulle trahison dans la transparence de ton regard lagon. Nulle fuite dans tes sentiments offerts à chaque battement de ton cœur. Nulle infidélité à cet amour offert au premier instant. Nulle entorse à cette confiance déposée au creux de mes mains.

Tout ce temps passé à tes côtés est un morceau de bonheur gagné. J'ai puisé en toi cette envie de recommencer, ce désir d'y arriver. Les ans n'ont rien changé, et je regarde émerveillée, ta robe flamboyer sous un soleil éblouissant, la belle foulée légère transperçant l'espace, ton regard océan visitant la moindre de mes émotions.

Une rencontre, un coup de cœur,
un coup de chance...
Bien au-delà des mots,
bien plus que des lignes,
mon ami, ma passion,
ensemble nous irons.

Ma chienne du soleil

Lorsqu'on a le bonheur de savoir voir plusieurs soleils, il n'y a rien d'étonnant à disposer de plusieurs ombres !
Love
À mes pas elle attache sa gracile silhouette. Ombre dansante, pleine de fougue et d'allant, elle me regarde les yeux étincelants.
Douce et délicate, à son coussin posée, sur ma main elle vient sa patte doucement déposer.
À son troupeau, féline panthère, le regard rivé, elle avance débordant d'envies à peine contenues, la fougue à ses muscles tendus.
Elle est mon ombre, l'un de mes cœurs vibrants d'une passion sans cesse exprimée.
Vive princesse parée d'or et de vermeille, elle est divine merveille couleur du soleil.
À mon côté elle va, glissant sa foulée à mon pas. À mes nuits elle veille, gardienne de mon sommeil. À chaque heure de ma vie douce furie, tendre folie, donnant plus que beaucoup ne feraient, elle m'offre sa force et sa vivacité.
Qu'importe ce qu'elle est à vos yeux. Seul, le cœur sait reconnaître la beauté à son chemin croisée. Elle est belle là où vous oubliez de l'être. Belle de cet amour donné. Belle de cette volonté d'essayer et d'avancer quitte à mille fois recommencer. Elle est belle de ce cœur si grand inscrivant à sa poitrine une partition aux notes passion.
Lumineuse en ces atours, éblouissante à chacune de ses heures, de ses rivières les cieux elle illumine, offrant au soleil sa lumière et sa beauté. Divine elle chemine et à ma main ouverte son nez elle glisse, offrande d'une déesse à sa bergère.

Jeune chien

Il est mon horizon,
Comme une herbe folle jouant au vent,
Il a poussé au fil de l'an.
À lui seul, un pré, un champ,
Bruissement taquin du vent.
Ma jeune pousse, mon tout petit.
Il inscrit ses pas à ma vie.
Bondissant aux vastes prairies,
Résonnant à mon cœur conquis.
Tendre bourgeon en son
écrin caché.
Les semaines doucement
l'ont paré,
Parfum de promesses
aux notes sucrées,
Mon jeune chien aux
ailes déployées.
Ma fleur, corolle
douce à mes doigts,
Pétales sublimes
éveillant l'émoi,
Mon Tempo, regard bleu roi,
Ma force pour le reste des mois.
Je te regarde t'ouvrir,
Je te vois t'offrir.
Tu es là, m'amenant vers l'avenir,
Qu'il nous reste à conquérir.
Vaste bouquet couleur soleil,
Mon chien, ma merveille,
Toi à nul autre pareil,
Mon rêve vermeil saveur de miel.
Tu seras mon champ,
Large prairie de printemps,
Une fleur à chaque jour de l'an,
Brassée pétales à tout instant.

Rêve matinal

Sous leur édredon de nuages, les arbres dorment encore…
La chouette et le renard, en leur logis, se reposent des courses de la nuit.
Aux buissons comme aux terriers, les merles sommeillent autant que les lapereaux.
Poussant les dernières étoiles, le soleil, sur la pointe des pieds, avance sans bruit.
Cristalline, aux toisons des brebis, la rosée dépose son collier perlé.
De discrets diamants, elle couronne la délicate fleur des champs,
Puis, mutine, elle couvre de ses éclats, l'onde verte du pré.
La nature, au petit matin, scintille aux premières heures du levant.
A ses blancs moutons pressé, il s'étire, félin et langoureux,
Profitant de cet instant où rien ne bouge, il flirte avec temps.
Le jeune chien, vêtu de son blanc manteau soyeux,
De ses grands yeux noirs aux douces ombres, regarde sa troupe tendrement.
La nuit durant, attentif, vigilant, sur son troupeau il a veillé.
Le nez au vent, l'ouïe aux aguets, arpentant la nuit des heures durant,
Il a fait du moindre bruit, un ennemi à repousser.
Heureux du travail accompli, aux premières lueurs, il roule au tapis verdoyant.
A sa bergère arrivant, il chante, une douce mélopée.
Vers elle, de sa jeune foulée encore désordonnée, accourant,
A sa main, fugacement, son museau, il vient frotter.
Après ce furtif salut, heureux, vers son troupeau il galope, joyeux, virevoltant.
Repoussant, à la lumière de l'azur, leur édredon nuageux,
Les arbres relèvent, vers les cieux, leurs fronts fiers et altiers
Les branches secouent leurs grandes mains aux doigts noueux,
Alors que le soleil, joueur, accroche ses rayons aux cimes dressées.

Filet à nuit

Dans mon grand filet, j'ai attrapé la nuit.
Dans son habit noir elle se débattait.
À mes mains je l'ai cueillie.
Mais à bien y regarder je l'ai relâchée.

Elle n'avait pas vilaine odeur,
Ni de griffes acérées.
Elle semblait même avoir peur
Alors je l'ai caressée.

En silence je l'ai observée,
Et dans son œil j'ai vu trembler mes doutes.
Elle avait l'air navré,
De me voir ainsi en déroute.

J'ai essayé de lui sourire,
Et sur ses lèvres comme un miroir,
J'ai vu briller mon rire,
Elle me regardait avec espoir.

Son front frémissant était teinté de blond,
J'ai avancé mes doigts tremblants,
Alors elle a fait un bond.
Immobile j'ai attendu qu'elle approche en rampant.

La nuit, de brumes recouvertes,
Avait tout aussi peur que moi.
Au creux de ma main, les sens en alerte,
Elle attendait je ne sais quoi.

J'ai ouvert mes doigts et sur elle j'ai soufflé
Comme à contre cœur, timidement et sans heurt,
Tout doucement elle s'est éloignée,
Et dans sa traîne de silence j'ai entendu battre son cœur.

Agité par le vent son manteau flottait.
Secoué par les cieux il échappait pour moi,
Des étoiles par milliers,
Poussières d'or et d'argent entre elle et moi.

Nuit

Sans un bruit, la nuit a recouvert le jour. Sa longue traîne de velours noir à sa suite, elle s'est posée à pas feutrés. Allongeant ses longues ombres, ramenant aux nids les oiseaux, recouvrant de silence leurs chants et leurs rengaines. Amante, aimante, tendrement elle a pris le soleil dans ses bras, et, posant ses lèvres de ténèbres sur ses derniers reflets dorés, elle l'a embrassé, le laissant s'endormir aux plis de son manteau d'encre. Doucement, sans heurt, elle a recouvert les dernières lueurs de ses noirs satins. A l'heure des retrouvailles, la nuit câline, a fait patte de velours aux dernières heures du jour. Ebouriffés, frissonnants dans leur logis, les oiseaux se taisent et attendent, le retour de l'astre d'or pour inonder le monde de leurs notes colorées. Dans un long soupir le soleil, les yeux fermés, s'est laissé bercer vers le repos. Pour ne pas effaroucher son sommeil, la nuit a allumé, une à une des étoiles par milliers. Petites flammes frissonnantes accrochées au firmament, elles veillent, offrant aux ténèbres, une douceur sans égal. Le soleil dort, ses ors alanguis, aux bras de sa belle en soies sombres. Il n'y a plus un bruit, que la chamade de deux cœurs battant à l'unisson sous le regard complice d'une voûte étoilée. Il n'y a plus de distance, plus de chemins longs à parcourir, deux cœurs dorment, l'un contre l'autre blottis, les doigts emmêlés s'aiment sous la caresse d'un sombre voile léger.

Perles de ciel

Le ciel pleure. Larmes silencieuses, il laisse couler son chagrin en un long sanglot sans fin. L'orage s'est abattu soudain et violent, le ciel à larmes silencieuses pleure. Par torrent dévastateur, il laisse s'écouler sa peine et ses yeux fatigués d'avoir trop ri laissent enfin tomber le masque. La pluie comme un manteau a recouvert l'espace frissonnant. Elle tombe triste et légère comme un immense rideau opaque. Les flots mouillés inondent le monde de perles salées. Les cieux cascadent de leur cœur à la terre, les cieux hier rieurs aujourd'hui pleurent. Leur onde grise s'allonge sur le jour hier couleur d'amour. Par vagues lourdes, s'échappe leur douleur baignant des amours mortes les champs à la végétation couchée. Rus, torrents et marrées, s'installent en un miroir salé aux profondeurs abyssales sur la terre en habits sales. Ressacs gémissants aux couleurs de l'océan, les larmes célestes font naufrager le monde. Bruit de chaos à nul autre égal, les longs sanglots secouent la terre impuissante. Le ciel ébroue son mal, se vide de ses maux. Dans un ultime sursaut, il noie ce qui fût et qui l'a tant blessé. Ses perles de misère en tombant lavent l'horreur portée par un firmament couleur du temps. Le long chapelet devient gris puis noir. Il se forme et se déforme changeant sous les griffes du vent. Les bourrasques de tourments donnent aux perles la forme des pires vilénies. Le joyau devient oripeaux emportant dans la course folle, la laideur d'un monde de jalousie. Diadème hier coloré, la couronne d'une reine tombe mouillée et dans la terre disparaît.

La pluie a fini de tomber. Les yeux rougis, les yeux cernés, le ciel se meurt en un dernier hoquet. Sa voûte est grise, dôme aux lourdes meurtrissures. Les étoiles ne sont plus, le soleil a disparu et dans ce qui fût l'azur, dorment de tristes nuages aux milles teintes de trahison. Les larmes ne coulent plus, le ciel n'a plus cette force. Les perles salées dans la terre ont disparu. Elles ne sont pas mortes, elles vivent en secret.

À bout de souffle

Qui est-elle cette inconnue,
Les yeux éteints, les bras menus.
Sur son lit blanc,
Le souffle hésitant.
À mi-chemin, elle repose,
Le cœur déjà en pause.
Sur le fil de sa vie
Équilibriste en sursis,
Elle vacille et chancelle,
Flamme dernière de la chandelle.
Qui est-elle, à l'heure des adieux,
Derrière sa peau veinée de bleu ?
Elle n'a plus d'âge,
À peine un visage.
Si loin déjà
Mais encore là.
Le temps pour elle ne compte plus.
Ses proches retiennent les heures ténues.
Le silence recouvre son corps absent.
À la porte une chienne attend.
À l'oreille un murmure, à la joue une caresse,
Avance la chienne avec tendresse.
À la fenêtre, à contre-jour,
Une ombre observe avec amour.
Ses yeux sont rouges, de larmes perlés,
Ses épaules sont lasses, de douleurs brisées.
L'homme a dit adieu à son aimée,
Le cœur lourd, il la regarde s'envoler.

À pas légers avance l'animal au pelage doré.
Sur le lit blanc doucement il est posé.
Sous le drap, le cœur hésite et se tait
Alors qu'une main dépose les doigts noués,
À la soie du pelage de beige taché.
Sous l'osseuse poitrine chante le cœur épuisé.
Sur les lèvres fermées glisse un sourire.
Découpée à la fenêtre l'ombre soupire.
Elle est si loin déjà mais tellement là.
Encore auprès de son homme non au-delà.
Les doigts à la fourrure frissonnent,
L'homme pleure et s'abandonne.
Sur l'oreiller rien n'a changé
Mais un pli étire l'œil fermé.
Passagère légère, contre la mort lovée,
La chienne délicatement s'est allongée.
Elle reste là, aux portes du néant,
Offerte, confiante, aux derniers instants.
Les doigts bougent et glissent
À l'encolure ils frémissent.
La vie est encore là qui se promène
À la robe d'une chienne reine.
La vie à pas discrets,
Ne s'est pas encore effacée.
La tête posée, plume de douceur,
La chienne veille au tunnel de la torpeur.

Demain peut-être il sera temps,
Demain mais pas maintenant.
Le visage se détend,
Le souffle se fait léger et lent.
Le cœur bat paisiblement,
L'inconnue repose sereinement.
À bout de souffle la vie
Sans douleur mais en sursis.
Dans son sommeil la femme sourit.
Doucement la chienne descend du lit.
Son regard se lève vers cette inconnue
Qu'elle ne reverra plus.
Nulle crainte à son regard,
Seulement un au-revoir.
La porte se referme en silence.
Vers le lit l'homme s'avance.
Aux doigts de sa femme il marie les siens.
Il sait qu'elle vit encore grâce à un chien.
Par la fenêtre il voit la grâce en habits d'or,
Légère elle promène sur le dehors.
Elle arrête son pas et par delà le vitrage,
Elle le regarde calme et sage.
À son regard embué elle plante ses yeux tendresse,
"Merci" murmure-t-il avec délicatesse.

L'homme sans visage et le chien

Il n'avait plus de visage mais il était en vie,
La face mangée par la maladie,
Le cœur battant,
Les mots riants.
Ses yeux depuis longtemps enfuis,
Laissaient sur sa face deux puits,
Mais il souriait aimant,
Aux visiteurs osant.
La courbe de ses joues disparues
Plongeait aux ténèbres d'un abysse éperdu,
Il parlait l'homme sans dents
Parfois sur son ardoise écrivant.
Sa lèvre haute étrangement avait fondu,
Offrant à ses mots un son tordu.
Il était doux pourtant,
Du bout des doigts caressant.
Qui pouvait-il avoir été,
Cet homme à la figure rongée ?
Détruit par les ans
Le guidant vers le néant.
Au cratère trop largement ouvert,
L'espoir passe son manteau d'hiver.
Il sourit pourtant
Et pleure tout autant.
Glissent ses doigts à la soie d'un pelage,
Sur ses genoux la chienne est sage.
Elle regarde gentiment
Ce trou béant agrandi par le temps.
Peu lui importe qu'il ne soit personne
A la chienne couleur d'automne.
Elle profite de l'instant,
Doucement, calmement.

La main à sa robe n'est que caresse,
Elle s'offre avec tendresse.
Le mal s'arrête au cadran,
Les aiguilles, suspendues retiennent le moment.
L'homme se tait alors que parlent ses gestes,
Il sait que l'attend le céleste.
Demain peut-être il sera temps
Mais aujourd'hui n'est pas le moment.
Il est seul dans sa chambre sombre,
Ses yeux tombés ne voient plus les ombres.
Il n'est que plaie mais avant tout vivant.
Il veut vivre, encore, tellement !
A sa chienne d'or il se confie
Parlant avec joie et envie.
Elle écoute sereinement
Les propos venus du néant.
Sa tête délicatement se pose
Là où le cœur repose.
L'homme soupire largement,
Il se relâche et se détend.
Il ne dit plus rien, son ardoise est rangée.
Son silence recouvre la chienne allongée.
Il est beau le moment,
Simple et puissant.
La magie aux portes de l'enfer,
La rencontre au sentier du calvaire.
Elle respire doucement
Amenant l'apaisement.
L'homme repose, détendu,
La main au pelage perdue.
Il n'est pas laid il est vivant,
Souriant aux portes du néant.
Ses caresses sont soie,
L'instant est émoi.

Pelage au fauteuil

Le cœur balance
Presque en errance.
A la roue du fauteuil un chien danse
À petits pas suivant la cadence.
Tout doucement il avance,
Les yeux brillants de bienveillance,
Le cœur vibrant dans le silence,
D'un vaste jardin de somnolence.
La main est lasse, lourde, à la peau usée.
Doucement elle cherche, la chaleur du poil doré.
Le corps ploie, par le mal trop fatigué,
Vers l'animal aux pas si légers.
Les roues pleurent sur le gravier,
Les larmes perlent aux yeux plissés,
La main vers le chien se tend, pressée,
Sur le fauteuil, le temps est compté.
Sur le visage, d'étranges paysages couleur maladie,
Promènent leurs sillons d'agonie.
Ils sont violets, noirs ou bien gris,
Aquarelles du temps enfui.
Les yeux pourtant sourient
Au chien offrant un sursis.
Pour un instant le corps oublie,
La douleur, la fin, le paradis…
Entre les branches bruisse le vent,
La peau frissonne au soleil brûlant.
Le chien se blottit, calme et aimant,
À cette vie si proche du firmament.
La main caresse en tremblant
Le velours de cette visite aux yeux luisants.
Le silence alors devient chant,
S'enfuit le froid au jardin verdoyant.
A ta roue, du noir fauteuil,
Un chien fait reculer le deuil.
Doucement murmurent les feuilles.

La mort, un moment quitte le seuil,
Face au doux pelage nuances d'écureuil.
Le cœur blessé par trop d'écueils,
A ta douceur de la robe se recueille,
Caresse dernière avant que la faucheuse ne cueille.
Sur les lèvres fragiles et fines
Un sourire joliment se dessine.
Le regard doucement s'illumine,
Et aux yeux, le bonheur se devine.
Une tendresse infinie étire les babines.
Entre les roues la vie se devine,
Fugitive compagne clandestine,
Elle se cache, mesquine en habits de morphine.
Le chien, patient, attend.
L'âme légère, le flanc palpitant,
Il offre son poil brillant,
Aux doigts gourds, pliés par le temps.
Immobile, doux et patient,
Il s'offre aux derniers jours hésitants.
Le corps peu à peu se détend,
Alors que se ferment les yeux, confiants.
Ici, la mort est avant tout derniers jours de vie.
Si le temps est compté à ces corps amaigris,
L'instant est précieux, douceur et empathie.
Un chien dans ses rouges habits,
Rejoint ces moments affaiblis.
Confiant face à ces jours trahis
Il contemple, ami,
Ces mains aux chemins bleus.
La rencontre peut-être sera unique,
Un peu magique, couleur antibiotiques,
Sans doute atypique, odeur antiseptique,
Un chien auprès d'un corps fantomatique.
Avant que n'arrive l'échéance fatidique,
À cet être italique,
Un chien, contre l'abject maléfique,
Offre son cœur à la si douce musique.

Sur leurs ailes...

Il faut que je vous conte...

Depuis quelques jours, elles font danser leurs ailes d'argent au bleu de l'azur.
Silencieuse, immobile, les yeux rêveurs je les regarde. Légères, graciles, portées par la brise, elles virevoltent et tourbillonnent.
Volutes aux ailes transparentes elles m'entourent puis, délicates, se posent à mes côtés !
Sur le parchemin de leurs ailes de cristal je peux poser mon doigt. Sans frémir elles acceptent cette éphémère caresse et je peux voir à leurs lèvres un sourire.
De leurs grands yeux ronds elles suivent mes pas sans signe de crainte.
Non loin de moi, sur de grands piquets métalliques, elles se posent sous la caresse du soleil.
Qui sont-elles ces visiteuses ?

Légères libellules, elles me rejoignent pour quelques heures acceptant ma présence et mes mouvements.
Au fil des rencontres elles découvrent mon décor et m'offrent la magie de leur langoureux ballet.
Autour de mes moutons elles volent, offrant à notre progression les soyeuses couleurs de leurs ailes fragiles.
Autour de nous elles s'installent, éclairant nos pas d'une lumière à nulle autre pareille.
Vitraux aux miroitants mystères leurs grandes ailes sont est un poème à découvrir.
Pourquoi à mes côtés ? Pourquoi maintenant ?
Les voilà qui chaque jour, après le repas, me retrouvent et à l'heure du couchant disparaissent.
Sur mon doigt elles se laissent emporter pour ensuite s'envoler.
Haie diaphane autour de mes brebis elles éclairent un chemin nouveau restant à découvrir.
Que dure le temps où près de moi elles viendront encore danser.
Que durent ces heures de confiance posées à mes côtés. Que continuent ces instants baignés à la magie de leurs ailes transparentes.
Depuis quelques jours des libellules partagent ma vie et font de mes après midi de précieux instants hors du temps.

Secret aux ailes du messager

Le jour baille et s'étire dans ses habits rosés.
Sur ma joue un papillon vient de se poser.
J'entends ses ailes, à mon oreille, murmurer.
Bruissement de mots, à mon cœur doux et léger.
D'où vient-il ce doux messager ?
Parmi les fleurs, caché, il attendait.
Glissé entre les pétales, les ailes repliées,
Il patientait, discret, au bouquet mêlé.
Le soleil avec la cime des grands arbres s'en va flirter.
Il s'enroule aux branches noueuses, à l'écorce creusée,
S'allonge sur le sable, où dorment les bateaux amarrés.
Puis dans une dernière étreinte, s'endort contre l'océan, enlacé.
Bise furtive à mon front déposée, de ses ailes poudrées,
Un papillon caresse mes yeux fermés.
Au mystère d'une douce fin de journée
Il m'offre son affection satinée.
L'horizon rougit embrasé,
Par l'amour d'un soleil de fin d'été.
Le pourpre se penche pour l'infini, embrasser,
L'or endormi n'en finit plus de s'étirer.
Aux dernières lueurs, brille mon tendre messager.
Sa caresse tendre, ma peau fait frissonner.
Fatigué d'avoir, pour me retrouver, trop volé,
Il s'endort sur ma peau, épuisé.
Son dernier soupir m'offre un cadeau dernier.
Blotti à mon oreille, il me délivre son secret,
Chuchotement soyeux, mots comme un baiser ;
Je t'aimais, je t'aime et je t'aimerai.

Plume d'ange

Une place pour chaque chose et chaque chose à sa place,
L'arbre au milieu du champ, frissonne et se glace.
A ses branches tortueuses, vers le ciel, dressées,
De bien belles histoires sont accrochées.
Ses bras nus, au frimas de l'automne, il grelote,
Sous la course des nuages que le vent ballote.
L'arbre encore majestueux dans son habit de misère,
Sourit doucement sous la faible lumière.
Lui seul sait qu'à ses bras dénudés,
Un ange parfois vient se poser.
Virevoltant à son pied, noyé d'herbe gelée,
Une plume légèrement vient se reposer.
A l'abri du vieux tronc noueux, elle est message,
Tendre et doux secret, déposé par un blanc plumage.
Paré de perle de rosée, sommeillant au pré, glacé,
L'immaculé ramage, attend d'être trouvé.
Gracieuses, les branches ouvrent leurs mains,
A leurs doigts tendus, le soleil pose son front d'airain.
La plume se couvre d'or, au silence d'un automne en partance.
Aux mots d'un ange, seules répondent les romances.
A sa place, travaillé par les ans, plié par le temps,
Le grand arbre, sommeille sous la caresse du vent.
L'azur découpe ses ombres et les allonge au pré,
Installant une âme seconde à ses côtés.
A son reflet, brille une plume aux couleurs poudrées,
Qu'un berger viendra un jour trouver.
Contre son cœur, comme un bouquet, le blanc duvet,
Offrira, sa valse de mots, ses lignes, comme une page d'écriture.
Solitaire dans son océan vert, il comprendra le message sans fioriture.
Regard baissé, miroir d'azur, prunelles embuées,
Il saura qu'entre les branches, dort un ange aux ailes repliées.
Une place pour chaque chose et chaque chose à sa place,
L'arbre au milieu du champ, frissonne et se glace.

Mon grand arbre

Aux plus hautes branches, mes rêves, j'ai accroché.
Dans l'azur, à en faire rougir l'azur, ils se miraient.
Au couchant rougeoyant, les rameaux, reflétaient,
Jusqu'à faire pâlir la nuit, mes secrets.

Au duvet des feuilles mes songes dormaient.
Au grand arbre, je les savais en sécurité.
Protecteur, il veillait, aux rêves abandonnés,
Par un ange, aux ailes abimées, confiés.

Mon arbre forteresse infinie,
A cime porte, aux cieux, mes envies.
Paisible, sereine, contre lui blottie,
Je deviens reine, à son tronc, accueillie.

Allongeant son ombre sombre, un jour l'azur a disparu.
Hyène, à pas feutrés, à pas comptés, elle est venue,
Ses griffes acérées, ses crocs ensanglantés, je n'ai pas reconnu.
Elle était mon amie, je ne me suis pas défendue.

Les tendres feuilles où reposaient mes rêves
Une à une ont disparu, happées par les ténèbres.
Mes mots mutilés, broyés sans réserve,
Sont morts, disparaissant, larmes de sève.

Il est des arbres déracinés par une main aux doigts griffus,
Il est des branches arrachées par une tempête imprévue,
Il est des feuilles meurtries mourant le soir venu,
Broyées par une haine sans retenue.

Sans un cri, sans un mot, l'arbre a ployé,
Sans un sursaut, sans un sanglot il est tombé.
Sa tête, au sol déposée, semble se reposer,
À bien y regarder, on peut voir ses larmes couler.

Il n'était qu'un tronc aux bras déployés,
Il n'était qu'une ombre par le soleil étalée,
Il gît racines arrachées,
Il meurt bras lacérés.

Je n'irais plus en secret le retrouver,
Je ne lui dirais plus mes espoirs secrets,
Désormais je me tairai,
Mon arbre est mort torturé.

L'arbre à larmes

Le grand arbre, branches baissées, pleure en silence.
Sur ses feuilles, une à une, des larmes en errance.
Frissonnent ses rameaux, sous la morsure du froid.
Son écorce grelotte alors que ses bras ploient.
Craquent ses grandes mains noueuses,
Tandis que ses pieds dans la terre argileuse,
Cherchent un appui à sa vie défaillante.
Le grand arbre se meurt dans la tourmente.
Voilà des, jours, des semaines des mois,
Que la pluie, aimante amante, le couvre d'émoi.
Caresse première devenue griffure,
Elle imprime, insidieuse, sa blessure.
Ses membres lourds, portent encore sa misère,
Mais, du sol, son pied glisse et se libère.
Le géant d'hier, sent son tronc vaciller,
Il s'accroche encore à la vie, il sait qu'il va tomber.

Ne comprennent-ils pas les cieux,
Qu'ils tuent un arbre gracieux ?
Il était souverain, protégeant un écureuil doré,
Il chancelle sous l'onde d'un azur éploré.
Il aura bien lutté, il se sera battu,
Mais aujourd'hui il n'en peut plus.
Sinistre, dans le silence, son cri résonne,
Il se perd et se noie alors que le jour tonne.

Craquent ses branches devenues trop lourdes à porter,
Flanche son port de tête altier,
Hurlement de douleur, d'une vie qui s'enfuit,
Il sent le sol se refusant à lui.
Une larme, puis deux, puis trois,
Le ciel regarde et comprend avec effroi,
Qu'à trop pleurer sur soi,
On tue parfois un roi.

Longtemps encore son corps tremblant,
Agonisera entre ses frères frémissants.
À son pied d'airain, un trou béant,
Hargne de nuages malveillants.
Le colosse par des larmes trop lourdes à porter
Est tombé, seul, sous le regard de sa forêt.
À ses côtés un écureuil au pelage doré,
Pleure son ami, son refuge, son adoré.

L'hiver à l'arbre

Qu'il semble triste ce grand arbre sur fond de noir clocher.
Je le sens grelotter sans plus arriver à résister.
On dirait qu'il a cessé de lutter, offrant ses bras aux vents mauvais.
Il ressemble à l'amour lorsqu'il a le cœur brisé.
Au milieu de son trop vaste pré, il est là, figé.
Aux portes de l'hiver, hésitant entre deux mondes, les entrailles partagées,
Il attend et ses bras, lasses du poids des ans, se meurent d'avoir aimé.
Son cœur, écartelé, ne sachant plus, vit encore pour moitié.
Dévasté, coupé en deux, entre l'amour et le néant, il ne sait.
Fendu en son centre comme une bête agonisante il arrive encore à rêver.
Combien de temps encore, un mois, un an, une vie qui sait ?
Il voudrait ne plus vivre ou mourir à moitié.
Il espère que l'amour recouvre ses bras, par le froid, glacés.
Il voudrait croire à cette tendresse qui ne meurt jamais.
Regarde-le ce grand arbre par le milieu coupé.
On dirait qu'il ne vit qu'à moitié.
Comme si son cœur déchiré,
Balançait entre l'hiver et l'été.

Fleur

Dans la nuit elle brillait doucement.
Sans doute sous le reflet du firmament.
Dans son manteau de ténèbres elle était seule.
La nuit autour d'elle comme un linceul.
La volant aux brumes, pour toi je l'ai cueillie.
À tes côtés je l'ai déposée sans bruit.
Lorsque l'aube retirera à la nuit,
Ses voiles noirs lourds d'ennui.
Elle t'offrira sa lumière si tu lui souris
Frissonnante aux premières heures, elle chassera tes gris,
Et dans un murmure, telle la caresse du vent.
Elle te dira les mots que tu attends.

Fleurs au vase

Farandole à la douceur blanche et mauve, pétales graciles à la fragilité furtive, elles étaient là, à l'orée d'une fin d'après-midi ensoleillée. Comme tes doigts de satin sur ma peau, elles dessinaient leurs ombres en douceur.
Dans sa tendre étreinte, le soleil, comme tes lèvres perdues dans mes cheveux, tendrement les embrassait. Timides et fragiles, elles profitaient de cet amour plein de force et de pudeur.
Elles seules connaissent son murmure et ses mots en un chuchotement offerts. Heureuses comme je l'étais, alors qu'au creux de mon cou tu glissais tes phrases en un soupir.
Elles étaient là sous son regard de braise, enfin belles dans leur prison de verre. J'ai entendu le chant de leur cœur et j'y ai reconnu la musique du mien répondant à ton sourire.

Bourgeon

Dans son étroit carcan le jeune bourgeon se débattait.
Les bras pliés, les jupes serrées, il attendait.
Comme un amant aux portes du printemps il n'osait s'aventurer,
Encore timide à l'or de la rosée.

Aux premières pâles lueurs, dans sa prison aux cloisons légères, il tremblait,
Frémissant, au vent léger.
Derrière ses barreaux de solitude, dans le secret de son cocon, sa venue doucement il préparait.
Un peu de couleur à ses pétales encore fripés,
Une pointe de parfum à son cœur déposé.

Sans se presser, pour ne pas craindre les dernières gelées,
À l'abri des regards il se parait.
Il était le cadeau d'un ange, délicat telle la plume, frileux, dans son écrin de verdure satinée.
Une fleur nouvelle, sous les premiers rayons du soleil, corolle sans prétention entre les herbes, nichée.

Une fleur parmi d'autres, mais pour toi un bouquet cueilli au jardin céleste de mes rêves secrets.
Une fleur, rien qu'une fleur, si peu et pourtant tellement à qui prend le temps d'aimer.
Couleur des champs, instant volé, ces pétales fragiles, entre mes doigts caressés,
Pour toi, des brassées j'en ferai, pour, à chacun de tes jours, voir tes yeux, de bonheur s'allumer.

Samedi soir…

Le soleil, dans ses taffetas d'or, doucement, tire sa révérence.
Le vent bruisse tendrement dans les hautes herbes irisées de couchant.
Aux branches s'endorment les oiseaux à leur nid de plumes blanches.
Le lac, aux dernières lueurs, s'embrase, miroir aux reflets éclatants.
Le silence aux cieux, flirte aux étoiles premières.
La lune, sur les eaux à l'onde douce, espère.
Au vol calme d'un nuage, un ange fait croisière.
Le monde de la lumière à l'ombre devient mystère.
Le souffle de l'enfant conte la journée passée.
Sa mère, heureuse, veille le regard embué.
Vient le temps du repos à l'heure de la veillée.
Vivent les rêves à la mémoire des secrets.
Demain est loin encore,
Hier seulement s'endort.
Les étoiles sèment le décor,
La nuit arrive au dehors.

Givre

A pas feutrés, il glisse, ses chaussons cristallins
Tendrement enlacés à la fraîcheur du matin.
Prenant son temps, flânant et rêvant en chemin,
Il avance le front haut, le givre aux mains.

Au silence de l'herbe gelée, flirtant, le nez au vent,
Avec les frêles et craquants cristaux d'argent.
Il trottine aux premières lueurs du levant,
Saisissant, à son passage, la vie, aux bois dormants.

Son écharpe, lourde de diamants, secoue ses notes grelottantes,
Eparpillant par millier, ses blanches croches frissonnantes.
Il est là, aux abois, sa mâchoire glacée, sur la nature hésitante,
Partition folle, mélodie aux noires et blanches, coupantes.

Embusqué, l'œil aux aguets, les lèvres pincées,
Il attend, patient les jeunes et doux bourgeons premiers.
Le regard acéré, il observe, prêt à fondre à l'ouverture des corsets,
Prêt à détruire, les corolles fragiles, offertes à l'azur printanier.

Sous son épais manteau, calfeutré, il veille,
L'hiver, dissimulé, entre les bras du soleil,
Admire le vert couvrant les vermeils,
Il attend, vacillant entre éveil et sommeil.

Février couvert de miel, ne sait s'il doit rire ou pleurer,
Janvier s'est enfui drapé de ses habits éthérés,
Décembre a vu ses jours, courts vêtus et légers,
Novembre en riant, au bord des plages était allongé.

Viendra-t-il lacérer, ces journées de douceur baignées,
Ces nuits loin des froids glacés,
Ces instants que les glaces ont oubliés.
Recouvra-t-il les premiers bourgeons du cerisier ?

Vendredi furie

Dans sa mâchoire d'acier, la tempête secoue le monde. Avec rage elle le broie et le déchire. De ses crocs puissants elle éventre les cieux qui sous la douleur se tordent, hurlent et s'enfuient en une folle course. La rage au ventre, elle transperce la noire étendue nocturne arrachant les étoiles de ses rageuses morsures, abîmant les ténèbres pour y installer le chaos.
La nuit gît, à bout de souffle, les entrailles béantes, haletante. Il n'est rien qui résiste à la furie dévastatrice du vent plein de rancœur. Sa haine écartèle le ciel, lui arrachant les tripes, le vidant de son sang.
La bête enragée ne connaît plus de limite et dans sa folie meurtrière, avec application, elle installe le néant. À flots incessants, se vident les nuages à torrents. La nuit n'est plus qu'une étendue dévastée, qu'un champ, par l'eau noyé ! Fou, le vent tourne et vire, emportant dans sa démence, cimes et toitures. Il n'est rien qu'il n'engloutit, affamé il dévore et détruit au milieu de la nuit.
La vie se tord et crie. Emportée, malmenée, elle rampe cherchant à fuir.
À flux bouillonnants, l'eau dévaste les vertes étendues qui, sous les vagues colériques, s'étouffent et se noient. Les bras torturés, arrachés, les arbres gisent, amputés. Leur feuillage dernier, comme une robe déchirée, entache la chaussée. Le lampadaire, épuisé, sur le sanglant ouvrage, ferme ses yeux, installant les ténèbres pour ne plus voir l'enfer.

Il ne fait pas nuit, il fait noir. Une odeur de mort rôde autour de la tempête. Elle a brisé ses chaînes et dans sa course macabre, sème des cadavres.
Le monde a mal, cloué au pilori, des éléments en furie.
Vendredi, secoué, balloté, traîné, miséreux, sans plus arriver à lutter.
Il n'est plus de monde. Seulement des lambeaux. Des pans de vie aux franges sinistrées.
Les heures, emportées, arrachées du paisible cadran, aux murs sont projetées. À un rythme infernal, elles explosent, trop rapides pour être contrôlées. Il est l'heure, loin des façades protectrices de prendre la route des champs.
Quelque part, au loin, là bas, les bêtes en panique doivent chercher à fuir. Dans ma tête danse leur toison, lourde et trempée. Au milieu de la nuit je pense à elles et je ressens leur peur.
Entre prés et fossés, l'eau s'immisce, recouvrant routes et bois. De son drap glacé, elle drape et habille le triste paysage.
Quelque part au loin, les cornes dressées, les brebis doivent attendre, surveillant les alentours noyés.
Mes chiens aux aguets ont compris. Au cœur de la nuit, ils attendent tendus, inquiets.
Le jour est loin encore fuyant sans doute l'encre noire et sa vilenie.
Le monstre aux mâchoires d'acier n'en finit plus de dévorer la terre au cœur noyé. Ses canines affûtées détruisent sans pitié.
Mes chiens à mes côtés je pars mettre mes brebis en sécurité.

Rencontre

A l'orée de la forêt,
A la lisère des bois dorés,
Le corps maigre et fatigué
Un chien à la nuit dormait.

Alentour rien, sinon le néant,
Que l'ombre des arbres présents,
Le silence de la nature seulement,
A l'heure où déjà, dorment les gens.

A mes pas, les feuilles séchées,
Sinistrement ont craqué,
Epuisé, il n'a pas sursauté,
Levant péniblement le nez.

L'animal au pelage abimé,
Semblait si las, si accablé,
Sa fourrure, par la faim, usée,
Ne semblait plus, depuis longtemps, caressée.

Carcasse triste, esseulée,
Le chien aux yeux mouillés,
Semblait en silence pleurer,
Trop faible pour se lever.

Sur lui j'ai posé mon écharpe de laine,
A son regard aucune haine.
Il attendait, depuis des jours, des semaines,
Qu'enfin quelqu'un vienne.

D'où venait-il ce pauvre animal ?
Il ne semblait pas en cavale,
Peut-être jeté d'une male,
Ou bien délaissé par un peu loyal ?

À mon cœur j'ai blotti le sien,
Il a mis ses yeux dans les miens,
Ils étaient déjà lointains,
Déjà partis sans lendemain.

Mon foulard comme un linceul,
Recouvrait le silence de son cœur.
Les yeux clos il reposait, rêveur,
Le corps frissonnant encore, torpeur.

J'ai arraché sa robe usée,
Aux ombres décharnées,
À l'inquiétant silence de la forêt,
Et contre moi je l'ai emporté.

À son nez, nulle buée.
Entre mes bras il dormait,
Sa jeune vie partant en fumée,
Par trop de coups donnés.

Glacé d'horreur, au jour mourant,
Les yeux noyés, le mal hurlant,
J'ai pleuré des heures durant,
Sur ce chien perdu, tremblant.

Son regard, doux et éteint,
Me regardait sans fin,
Alors que ses lèvres effleuraient mes mains,
En une caresse de satin.

Derrière ces cils, paupières baissées,
Aucune haine ne brillait,
Aucune rancune ne s'allumait,
Il voulait juste pardonner.

J'aurais voulu le retenir,
Être égoïste, ne pas le laisser partir,
Le garder, pour mon plaisir assouvir,
Pouvoir l'aimer, le chérir.

De ses yeux suppliants,
Le mal lancinant,
Il m'observait suppliant,
Cherchant le repos, absolument.

Son âme à la nuit s'élevait,
Faisant pleurer le silence, elle chantait.
Musique cristalline, posée sur un soir givré,
Vers le ciel doucement elle montait.

Alors que son regard à jamais se fermait,
Au ciel j'ai vu une étoile s'allumer.
Sur sa robe abimée, mes larmes roulaient,
Contre moi pour toujours il dormait.

Le Cygne

Sur un lac gelé gît un cygne au blanc plumage taché de sang.
Sur cette croûte dure et froide l'oiseau repose par un jour blanc.
Le vent soulève son duvet, au bout de son long cou, sa tête est baissée.
Ses ailes repliées semblent encore rêver, l'oiseau n'a pas lutté.

Sur un lac gelé, gît un cygne dans une flaque de sang.
Son manteau hier immaculé le protégeait du vent.
Sur sa blanche demeure, il n'est pas mort, il dort.
À son œil perle encore une larme où se mire l'astre d'or.

Sur un lac gelé, gît un cygne sur le pourpre du néant.
Son grand corps allongé est dur d'un froid mordant.
Comme un souffle, une dernière complainte, son bec ouvert.
La rengaine du vent fait glisser ses notes sur sa prison de verre.

Sur un lac gelé un cygne est mort
rouge sur un lit scintillant
L'azur tremblant frémit encore de son
dernier chant.
Les pattes repliées pour éviter
le froid glacé,
Un cygne doucement dort à tout jamais.

L'animal

Il était là, perdu, terrorisé, à l'orée de son repaire. Le jeune animal traqué n'entendait plus que les dents claquer. Autour de lui comme un rempart, des yeux luisants, des yeux couleur de mort.
Il était là perdu, traqué, à la lisière de son logis. La bête au doux pelage avait le souffle court. Devant lui, à ses lèvres blanches d'écume, dansaient des volutes angoissées comme une valse endiablée.
Il était là perdu, poussé, à l'entrée de sa tanière. Le gibier aux flancs déchirés voyait son sang couler. Sur ses côtes écartelées, ses chairs lacérées, déchirées, s'ouvraient sur son pauvre corps blessé.
Il était là perdu, terrifié, tellement proche de son refuge. L'ivoire de dents par millier faisait entendre leur sinistre chant de mort. Les yeux du trépas éclairaient ses minutes effrayées, ses espoirs envolés.
Il était là perdu, inquiet, face aux portes de son gîte. Le jeune animal encore debout regardait sans comprendre. À ses pieds, goutte à goutte, une marre de sang de formait, comme un lac pourpre un soir d'été.
Il était là perdu, pétrifié, aux grilles de son abri. La bête sur ses pattes mal assurées commençait à chanceler. Les yeux voilés levés vers le jour déclinant, en silence il appelait, alors qu'à ses yeux une larme perlait.
Il était là perdu, angoissé, tellement proche de son asile. Le gibier affaibli, par les mâchoires d'acier, sentait sa vie fuir. Son corps meurtri par trop de coups portés, petit à petit et sans un bruit fléchissait.
Il était là perdu, sachant son refuge interdit. Il a plié ses pattes et sur un lit carmin s'est allongé tête baissée. Un grand silence régnait lorsqu'il a courbé l'échine offrant à son ennemi, sans lutter, sa vie.

Enfance indifférence

Quand on grandit entre l'absence et le silence,
Le cœur bercé d'indifférence,
Loin de l'enfance, de l'insouciance,
Au pays de l'amour en errance.
Quand grandir fait vibrer des repères solitude,
Les yeux noyés d'un manque habitude,
Reflet d'une tendresse inquiétude,
Passent les ans au manteau lassitude.
Quand on oublie d'être aimé par des parents malmenés,
L'amour sonne, roche effritée,
Echo d'une vie amochée à jamais,
Enfant en un monde égaré.
Quand l'amour s'est perdu aux premières heures,
Oubliant caresses contre douleur,
Se ferme l'enfant au bonheur,
Sous les cris de parents géniteurs.
Quand naissance perd ses rimes accents de désir,
Hurlant sa douleur sans chérir,
Il n'y a plus d'adulte en devenir,
Seul un enfant cherchant à fuir.
Quand au cadran d'une jeune et triste vie,
Sonnent les heures de l'oubli,
Résonnent les mois comme en sursis.
Un petit survit mais jamais ne se construit.

Quand l'enfance au premier moment est volée,
Brisée au nom d'un amour bafoué,
Malmenée au pays du manque d'intérêt,
Grandir devient labeur sans intérêt.
Alors, cheveux au vent, les yeux brûlants,
Malmenée par le poids des ans,
Les poings serrés, le cœur ballant,
Pas après pas vers le firmament.
Passent les jours, les ans, les mois,
Reste l'odeur d'un triste émoi,
Images solitaires de l'effroi,
Charges aux épaules du désarroi.
La quête longue et sans répits,
L'âme noyée, le regard gris,
Marche l'adulte, aux portes de l'oubli,
L'esprit démis jamais ne trouve abri.
L'amour miroir de l'enfance,
Jamais ne devrait être voilé d'indifférence,
Ni le chemin bordé d'absence,
Vive l'enfant, loin des cris, dans l'insouciance.

Chimère

Combien de jours se sont envolés
Depuis cette nuit où j'ai tant pleuré ?
Aujourd'hui toutes ces années n'ont pas effacé,
Cette sinistre nuit où tout a basculé.
Tu as détruit à jamais son cœur d'enfant
Tu as fait de mes nuits un vide tremblant.
J'aurais tout donné pour que tu me serres dans tes bras…
Tu ne voulais pas, tu ne me regardais même pas.
Aujourd'hui je me demande « si » ?
Simple mot restant en sursis.
Si je n'étais pas venue ?
Si je n'avais pas couru ?
Si je n'avais pas crié ?
Alors l'aurais-tu frappé ?
Avec ce couteau l'aurais-tu tué ?
Aurais-tu éteint sa vie sans regrets,
Pour la seule fois de ma vie,
Elle ne m'a pas souri.
Pour la seule fois de sa vie,
Elle a baissé les bras sans lutter.
Elle n'a même pas crié,
Regardant son amour s'envoler.
J'ai dû retourner dans ma chambre,
La fenêtre était attirante…
Ma sœur m'a appelé, je suis restée… tremblante.
Aujourd'hui tu es parti.
Tu ne m'as toujours pas souri.
Je viens d'avoir 20 ans,
Ton silence est toujours pesant.
Maman a refait sa vie,
Je ne pense pas qu'elle oublie.
Tu aurais dû être mon père,
Tu n'auras été que chimère !

Dites au père de mes enfants

Dites au père de mes enfants qu'il m'a fait le plus merveilleux des cadeaux. Non pas le jour où pour la première fois il m'a blessée. Ce jour là est à jamais inscrit en moi. Dites-lui que par-delà la douleur je garde de lui le plus beau.

Il a brisé mon cœur de femme, il a violé mon corps d'épouse. Il a volé ma vie et piétiné ma confiance, mais cela ne lui dites pas, il le sait déjà. Malgré sa tête haute, malgré son regard fier, chaque blessure infligée pèse sur sa vie comme elle envahit mes nuits.

Dites-lui que mes larmes ne sont rien, qu'un océan où se noient mes terreurs mais où miroite le meilleur. Bien sûr que j'ai eu mal, bien sûr qu'il a tué ma vie. Dites-lui que je le remercie. Non pas pour avoir pris ce que mon corps lui refusait, non pas pour avoir menti devant dieu.

Pour ces nuits sans sommeil à faire semblant de dormir, pour ces nuits de douleur les entrailles déchirées, il n'aura jamais mon pardon. Pour cette frayeur à jamais dessinée au fer rouge, je ne pourrai l'oublier.

À chaque bruit, à ce repos qui me fuit, je pense à lui, le cœur en folie.
Dites-lui qu'il me reste le meilleur.

Le temps, paraît-il, efface les difficultés pour ne pointer que le doux. Au miroir de mes jours son image panique toujours mes sens. S'il est possible d'avoir plusieurs morts, il m'assassine à chaque souvenir.

Être forte là où l'on est faible. Faire semblant pour calmer sa folie. Promettre aussi bien que permettre. Rester là où il faudrait fuir. Savoir mais ne pas pouvoir. Mourir un peu plus chaque jour.

Dites au monstre qui m'a fait serment, que de sa folie j'ai fait ma force.
Dites-lui qu'il ne pouvait pas m'arracher l'espoir.

À petit feu, il a lapidé mes chairs, il a griffé ma foi. De sa rage il a usé ma vie, contrôlant, déchirant, brisant avec mépris. De cela il est l'auteur, signant ses actes avec cynisme. Une histoire noire écrite à l'encre ténébreuse sur d'obscurs feuillets. Son nom à jamais au livre de ces années volées.

Dites-lui que je n'ai pas péri, qu'il a pris et détruit sans arriver à effacer. Puisque la mort s'en est allée, sans parvenir à m'embarquer sur son chariot de sombres tentures, il devra vivre avec cette ombre au seuil de ces jours.

Dites-lui que l'abjecte ne mérite ni pardon, ni complaisance. Dites-lui que je n'oublie pas. Il a peint du sale où il avait promis le beau. Il a dessiné l'enfer genou à terre au pied de la sacristie. Il a invité le diable au pays des anges. Il a coupé mes ailes de son pieu tranchant.

Le haïr ne serait pas suffire, mais dites lui que je conserve la beauté qu'il a abandonnée. Je ne le déteste pas il n'en vaut pas la peine. Il est ce monstre à jamais sur le fil de ma vie. Il est le père de mes enfants. Ce géniteur absent, enfui après les coups.

Il est le mal, la douleur, la terreur. Il est l'abjecte, le mensonge, l'enfer. Il est ce que la terre porte de plus vil mais dites-lui que je n'ai gardé que le plus beau. Non pas de lui, il n'y a rien à conserver. La vie se chargera de lui, le traînant comme un fardeau. Lourd calvaire que son parcours car, toujours mes mots pourront demander réparation aux maux.

Dites au père de mes enfants que dans leurs yeux brille l'amour qu'il a si bien bafoué. Dites-lui que de l'horreur est né l'amour. Dites au père de mes enfants qu'il ne mérite ni pardon ni haine, il n'en vaut pas la peine. Il m'a offert ce qu'une femme peut vivre de plus beau, ce que l'abjecte jamais ne tue, ce que l'amour a de plus pur, ce que la vie a de plus grand. Il m'a offert leur vie, leur rire, il m'a offert tout ce qu'il a perdu.

Mon enfant

Mon enfant, mon éternel tout petit.
J'aime tes gestes attendris,
Mon fils, ma force, ma fierté,
Lorsqu'à ma vie, tu offres la vérité.
Jeune garçon du haut de tes douze printemps,
Tu me fais comprendre le lourd poids des ans.
À mes pas tu attaches les tiens,
Vibrant pour ces sourires qui sont miens.
À mes étranges passions tes rires en écho,
Alors s'envolent mes maux.
Je te regarde qui grandis,
Mon éternel tout petit.
Mon enfant aux yeux si grands,
Vis loin de la folie des gens.
Joue à courir à travers champs,
Aime tant qu'il est temps.
Apprends à devenir toi,
Mon prince, deviens un roi.
Garde ton regard d'enfance,
Capable de partir en errance,
Derrière les ailes poudrées,
D'un léger papillon ambré,
Auprès d'un hirsute mouton,
Que tu aimes sur tous les fronts.
Rêve d'un monde enfantin,
Et construis-le demain.
Tes pas légers à travers prés,
Tendre à l'hiver comme à l'été.

Tu aimes sans compter,
Comme seuls les enfants font espérer.
Ta main à la mienne glissée,
M'offre une joie inégalée.
Cours du levant au couchant,
Éclate ton rire cascadant.
Mon éternel tout petit,
Toi qui si bien grandis.
Demain est là en embuscade,
Qui t'attend, folle cavalcade !
Jamais ne laisse le temps défaire,
Mon fol amour de mère.
Aujourd'hui comme demain,
Mon fils, mon bambin,
Reste ce gamin, cet enfant,
Ce géant au cœur si grand.

Dites à mes enfants

À l'heure de ma dernière danse,
Lorsqu'aux nuages je ferai alliance,
À l'instant de ma plus grande absence,
Alors que mon cœur sera errance.

Dites à mes enfants combien je les aimais.
Comme je savais, sans doute pas assez.
Comme je le pouvais, sans doute loin de leurs souhaits.
Pourtant ils étaient tout et mon cœur pour eux battait.

Les mots m'ont souvent fait défaut et manqué
Entre mes sentiments et mes lèvres ils s'envolaient.
Impossibles à dire, pourtant je les connaissais,
Pourquoi n'ai je pas su, mes enfants, vous les donner ?

Je ne savais pas les gestes, si difficiles pour mes doigts à oser.
Je ne pouvais vous offrir ces douceurs à ma vie refusées.
Combien je regrette de n'avoir pas su mes doutes dépasser,
Pour installer à vos cœurs la tendresse des caresses données.

Lorsqu'il me faudra partir et mon étoile installer aux cieux,
Je voudrais mes enfants, mes amours, vous savoir heureux.
Voler, libre enfin, loin des tristesses et des jours douloureux.
Partir mais en vos cœurs laisser un coin de ciel radieux.

Quant se fermeront mes yeux sur la grande horloge du temps,
En mon maigre baluchon, pour seul bagage, le sourire de mes enfants.
Je n'aurai besoin de rien, si loin, poussée par le vent,
Leurs rires, sur mon chemin dernier, seulement.

L'amour parfois, ne trouve pas la voie, il hésite en chemin.
Les doigts voudraient alors que recule la main !
Hésitent les lettres, mélangeant les mots incertains.
Garder les phrases pour d'autres lendemains.

Je pars avec l'espoir qu'ils aient su lire entre les mots,
Pour déchiffrer au clair de mes silences, l'amour caché par les maux.
Vous êtes ce que ma vie avait de beau.
Mes enfants, je vous emporte par delà mes oripeaux.

Pourquoi n'ai-je pas su donner ce qui en moi vivrait ?
Cet amour fait de tendresse, de force et de fierté,
Cette envie de, contre moi, vous serrer,
Simplement vous dire combien je vous aimais !

Vos cœurs auront-ils gardé
Ces paroles pudiquement murmurées ?
Votre peau aura-t-elle conservé, le frisson léger,
De ses baisers, à vos fronts, par mes lèvres déposés ?

Ces furtifs présents, seront-ils suffisants,
Pour qu'à votre tour vous les offriez à vos enfants ?
Pourquoi n'ai-je pas su faire autrement,
Alors que je le souhaitais ardemment ?
Dites à mes enfants qu'ils étaient tout pour moi,
Ma réussite et ma fierté à la fois,
La plus belle source de mon émoi,
Cet amour guidant mes pas vers l'au delà.

À ma respiration haletante, l'horloge fait sonner ses heures.
À la course des nuages, se dessinent mille couleurs,
Je vois leur sourire, douce lueur,
J'emporte leur souvenir, dernier bonheur.

Sommeil

Hier soir je me suis endormie.
J'avais 20 ans, des rêves plein la tête, du soleil plein les yeux.
Sur l'oreiller, caressant mon épaule nue, flottaient mes cheveux blonds.
À mes boucles folles, mes doigts légers. J'avais 20 ans et des projets à n'en plus finir !
Hier soir, je me suis endormie certaine qu'au matin je me lèverais, heureuse, le pas joyeux et désinvolte. J'avais 20 ans, une vie à parcourir, des rêves à faire aboutir, un sentier à arpenter le cœur léger. La vie devant moi, à l'infini, s'étalait, j'avais l'éternité pour en profiter.
Sous la voûte céleste je me suis endormie des rêves plein la tête. À mes lèvres flottait un sourire farceur, demain, il serait l'heure, de mes doigts légers, de caresser cette vie qui m'attendait.
Sortie de mon sommeil par un étrange cauchemar je me suis réveillée. Il faisait gris sur mon oreiller. À mon épaule nue, mes boucles reposaient, emmêlées à mes doigts noueux. Mes rêves enfuis laissaient d'amers sillages sur le plancher terni. Mes pieds étaient fatigués, mes épaules voûtées. Au miroir, mes yeux cernés détaillaient mes traits fatigués usés de mille rides. À mon regard les étoiles avaient disparu. J'ai fermé les yeux sur de lourdes larmes salées, à mon esprit de vagues projets à l'intérêt désuet. À mes épaules un fardeau devenu trop lourd à porter.

À mes côtés, sur le plancher usé, au milieu des ronciers, disparaissait un tortueux sentier. À l'écorce d'un cerisier, mes doigts par les ans blessés. Sur le chemin chaotique, ma foulée épuisée. Un pas de plus... vers où, vers quoi ? Un pas de plus... pour qui, vers qui ? Le vent à mes boucles découvrait l'argent replaçant l'or. À mon regard frileux les nuages maquillaient le soleil. À mon fardeau le poids des ans, les blessures du temps, la vie emportée au firmament. Au noir clocher le cadran aux grinçantes aiguilles annonçait déjà les heures dernières.

À côté de moi ce sentier que je n'avais pas pris. Des arbres fleuris de mes projets non aboutis, Des champs de rêves fanés de n'avoir pas été cueillis. Aux cieux des étoiles d'envies accrochées à la voûte des souvenirs déçus.

Hier j'avais 20 ans lorsque je me suis endormie... Ce matin, sur ma vie il fait gris.

Cette éternité acquise n'est plus mienne. Pour avoir marché à côté de ma vie, j'ai laissé les lianes grises étouffer mes envies, étrangler mes projets, envahir ce chemin à parcourir.

Hier j'avais 20 ans, en riant je me suis endormie. Demain était à moi, j'avais l'éternité pour conquérir le monde !

Sous la voûte céleste, des rêves plein la tête, je dormais l'âme légère, persuadée que demain durerait toujours...

Le ciel aurait pu attendre

Elle voulait que j'écrive, que je vous dise.
Elle souhaitait que je vous parle d'elle.
Ma plume a oublié ses mots, les lettres se sont effacées.
J'ai perdu mon amie et mes phrases se sont envolées.
Je suis restée avec ma page orpheline.
Mille fois j'ai posé puis levé la mine.
Dans ma tête tes éclats de rire.
En mon cœur un tumulte de souvenirs.
Comment parler de toi quand les mots n'existent pas.
Comment expliquer quand on a mal sans toi.
Le ciel pouvait attendre mais son plus bel ange lui manquait.
En équilibre longtemps pour nous tu es restée.
Face à l'immensité, tu t'es battue avec tes armes.
Joie, amour, force et foi mais jamais une larme.
Le ciel aurait pu attendre mais sans toi il était moins beau.
Il lui fallait le meilleur pour briller là-haut.
En équilibre longtemps tu t'es acharnée à rester.
Puis lentement tes ailes tu as déployées.
Au pays du repos tu t'es envolée sans douleurs.
Tes yeux à jamais se sont fermés en douceur.
Tu es libre, Sonia et quelque part tu veilles sur nous.
Maintenant, sans toi il va falloir à apprendre à rester debout.
Qui est-il celui qui t'a choisie pour ce si lointain voyage ?
Qui est-il pour t'arracher à nos paysages ?
Qu'importe son nom, il a pris la plus jolie.
Qu'importe son nom il a pris ma tendre amie.
Il a pris la force, il a pris la gaité, il a pris le courage.
Il a volé ce qu'il y avait de meilleur sur nos pages.
Il t'a emportée toi, l'amie, la fille, la sœur, la femme, la mère.
Il t'a embarquée pour que tu sois lumière.
Le ciel s'est emparé de ce qu'il y avait de plus beau.
A nous de savoir regarder pour te voir là-haut.
A nous de continuer ton histoire.
Pas d'adieu, seulement un au revoir.

À fleur de mots

Les fleurs sont des mots aux ailes papillons.
De nuances drapées, par l'amour portées,
Les fleurs sont des mots saupoudrées d'attentions.
Ailes d'argent, par la brise, doucement balancées.

Champs de douceur, caresse d'une voix,
Les mots sont des pétales, aquarelles, passion.
Des couleurs par milliers, amour sans foi ni loi,
Frissons drapés de satin, fleurs parfum d'effusion.

Sous mes pas, sentier par tes mots bordés,
Valsent des pétales couleur passé tendresse,
Dansent des lettres, sur des partitions endiablées,
Jouent des violons portés par des notes allégresses.

Les fleurs sont des mots aux ailes papillons,
Que le vent léger, envole et disperse,
Bouquets doucement colorés par millions,
À mon cœur déposé, promesses.

Fleurs sauvages, mots virtuoses,
Pudeur d'une brassée de pétales affection,
Phrases musiciennes, corps osmose.
Champs d'émotions semés de papillons tourbillons.

À perte de vue entre les herbes folles,
Des mots passion, mélodie pour corps perdus,
Bruissement caresse de rimes étole,
Sur deux cœurs, accord absolu.

Les fleurs sont des mots aux ailes papillons,
Reflets nacrés, tendres pensées,
Corps irisés, éclairés d'un rayon,
Les mots sont amour à ton cœur déposés.

Pétales

Inlassablement au sol tombent les pétales.
Comptine enfantine dénudant une fleur pâle.
Marguerite hier reine des prés.
La voilà aujourd'hui qui meurt à mes pieds.
Un peu, beaucoup, à la folie, passionnément...
Quelle signification ont gardé nos mots d'enfants ?
Je t'aime...
Mortelle dépouille un pétale tombe.
Fragile. Entre mes pieds comme en sa tombe.
Aimer...
Si je l'ai su, ma mémoire défaille.
Est ce semblable à cette faille
Où danse l'ardent feu du désir ?
Ton ombre glisse puis s'efface dans un sourire.
Un peu...
Bout de fleur au sol qui doucement s'éteint.
Mes doigts sur sa corolle comme un refrain.
Un peu...
Avec parcimonie n'est pas suffire.
L'amour du peu, ne peut se nourrir.
Il n'est jamais assez pour aimer.
Je ferme les yeux pour mieux te garder.

Beaucoup...
Au creux de ma main s'effeuille la reine.
Ses habits autour de moi traînent.
Beaucoup...
Si moins il ne peut y avoir, je veux plus encore.
Deux corps que le temps berce aux mêmes accords.
Tes mots comme une caresse réveillent l'émoi.
Dans le secret de la nuit je te rêve près de moi.
À ta folie...
Son cœur presque nu la devine à chaque instant.
Elle attend sous les doigts frémissants.
À ta folie...
Valse des mots, caresses de lignes.
Entre les phrases l'amour se devine.
Un pas de plus l'un vers l'autre chaque jour.
Je te désire pour seul atour.
Passionnément...
Ici se terminent ses souffrances.
J'arrête là ma comptine d'enfance.

Mon âme cobalt

Mon âme, au fil des ans, déchirée par les griffes du temps,
Avait perdu sa couleur, délavée par trop de tourments.
Sur la palette de ma vie, les pastels noyés, devenus gris,
Laissaient perler, leurs larmes, gouaches de pluie.
Trop de poids à mes épaules lourdes,
Trop de boue à mes pieds gourds.
Sur le sentier de mon histoire, beaucoup de noir,
Aux détours de mes chemins, trop peu d'espoir.
L'hiver grelotant aux portes de mes printemps,
Le froid virevoltant à mes étés distants.
Aux longs méandres balayés de frimas,
Une feuille d'automne du plus bel éclat.
Plume légère, ourlée d'incarnat et de soleil,
D'ors et de pourpres habillée de merveilles.
Rencontre légère, par un ange déposée,
Eclat de lumière aux cieux endeuillés.
Déchirant les ténèbres, arrachant le néant,
Un rayon de miel, accroché au firmament.
Magie d'un instant où tout bascule,
Féérie dorée, fin de crépuscule.
Dans son linceul d'encre, hurle la nuit,
Lacérée d'ambre et de clarté elle fuit.
Vaincue, elle recule, emportant,
Douleurs, désolation et boniments.
Sur mes champs dévastés,
Une rouille feuille est venue se poser.

Eclatent les couleurs, déclinaison couleur passion,
De l'acajou au carmin, du corail au vermillon.
Elles dansent sur la palette couleur amour,
Faisant rimer l'entente avec toujours.
J'avais perdu le nord, tu m'as offert ton univers,
J'avais perdu la voie, tu m'as offert la terre.
A mes pas solitaires, la boue tu as été,
A mes épaules meurtries, mon fardeau tu as porté.
A ton regard cobalt, je découvre la vie,
Au fond de tes yeux j'ai retrouvé mon âme.

Cœur de chien

Au fond de moi je sens battre ton cœur.
Son rythme a la cadence de ton ardeur.
Au fond de ton regard cette belle lueur,
Promesse d'une passion prête au labeur.
Mon cœur s'emballe suivant le tien.
Je ressens cet indestructible lien,
Cette confiance offerte qui te fait mien.
Tu es mon tout, bien plus qu'un chien.
Ton flanc palpite, mordu par la chaleur,
Ta respiration est saccadée par la moiteur.
Ma main à ton pelage aux mille couleurs,
Implore ton calme et ta candeur.
Le moment n'est pas là, il est trop tôt,
Les yeux fermés, à demi-mot,
Je calme ta fougue coulant à flot.
Attends encore les brebis et leur agneau.
Le temps approche où tu devras t'élancer.
Mes doigts à ta robe dorée,
Trouvent réconfort et volonté.
Je sens ton âme à la mienne accrochée.
Je te vois fort, volontaire et serein,
À l'heure où nous entrons sur le terrain.
Vole la terre sur l'étroit chemin,
Nous voilà face à notre destin.
Un troupeau, un juge, un parcours,
Toi et moi, ensembles comme toujours.
Je te libère de mes discours,
Je te confie notre concours.

Nos cœurs à l'unisson,
Ma folie, ta raison.
Ta volonté portant ma passion,
Ensemble nous nous élançons.
Là où je ne serais pas,
Je sais que tu seras.
Là où tu faibliras,
Tu trouveras mes pas.
Je vais te demander tellement...
Tu vas offrir bien
plus pourtant !
Face au travail
exténuant,
Du début à la fin tu
seras présent.
Tu imprimes la cadence
avec délicatesse,
Tu t'imposes avec
calme et sagesse.
Ta résolution pour
toute richesse,
Porte mes pas
avec allégresse.
Le temps s'est arrêté.
Tu es à mes côtés.
Mon chien, mon âme,
ma moitié,
Mon chien, mon ami,
mon associé.

Bergerie hivernale

Avant que l'herbe mouillée,
Trempe leur toison dorée,
Au bercail reposent les brebis,
Dans le calme, installées à l'abri.
Odeur de foin et de granulé,
Aux cornadis levés.
Les brebis, la panse ronde,
Longues mèches comme une onde,
L'œil paisible, la lèvre gourmande,
Elles vont, noble sarabande.
Chaussons de vair à leurs pieds,
Cendrillons sur un tapis de paille ambrée,
Dans leur robe de soie elles valsent,
A la fin du jour que le soleil embrasse.
Les champs par leurs pas foulés,
Ne résonnent plus des sonnailles balancées.
Elles ne vont plus à pas menus,
Franchir prés et rus.
Le froid a effacé odeur d'herbage
Au long des vastes pâturages,
Senteurs discrètes et fleuries,
Au fouillis emmêlé des taillis.
Elles ne vont plus les belles,
Flirter avec la pie et l'hirondelle.
Elles ne vont plus se mirer à l'azur bleuté,
Se regarder à la lavogne aux flots ondulés.

Dans son manteau d'hiver se repose la nature,
Sa cape blanche comme une polaire fourrure,
Frissonne, se cambre et grelote,
Egraine en tremblant ses notes.
Mélodie offerte, tintement de blancs cristaux
Alors qu'au repos, rêve le troupeau.
Oreilles dressées, sur leurs pattes campées,
Elles ont arrêté de danser.
Nul bruit au dehors embrumé,
Si ce n'est un bruissement fluet.
Frisson à la nuit, venu sur la rosée, se poser,
La rumeur encore lointaine d'un pas léger.
Attentives, elles écoutent, confiantes,
Ce murmure qui, dans la nuit, chante.
Leur berger de bottes chaussé,
S'avance, solitaire, dans le pré trempé.
A l'heure où s'éveillent les étoiles,
Il glisse sur la noire toile.
Les cieux révèlent une soudaine douceur
A son regard d'acier où l'on voit battre son cœur.
De son troupeau il approche, heureux.
Pour une heure, peut-être deux,
Pour un simple moment passé,
A ne rien faire, seulement rêver.

Mon blanc mouton

Pour ton front contre ma joue posé,
Pour tes yeux longuement frangés,
Je pose mes bagages à tes côtés,
Mon mouton aux cornes écroulées.
Tes prunelles, de damiers soulignées,
Se livrent, confiantes, à mon regard doré.
A ta toison joliment bouclée,
J'attache mes doigts fatigués.
A mon oreille j'écoute tes histoires murmurées,
Qu'en un souffle, tu me contes en secret.
J'entends le bonheur raisonner,
Je sens la paix en moi vibrer.
Les champs, leur couverture verte, ont étalé,
Autour de moi, comme une robe de mariée,
Paissent mes lainées aux yeux maquillés,
Repose mon ami, à mon flanc, appuyé.
Sur un lit de fleurs déployées,
Dorment mes brebis en un blanc bouquet.
Je cueille à leurs jupons ondulés,
Mes rêves aux contours bergers.

Espace temps

Le temps n'est qu'un espace,
Un souffle, un silence.
Respiration lente comme en suspens
Le temps n'est rien qu'un contre temps.
Il défile court et bondit,
Notes de blues arrondies
Soupir au parfum d'espoir
Instants volés à la nuit noire.
Le temps, rythme insolent,
Partition au tempo halétant.
Impertinent fuyant au loin,
Comme une valse de satin,
Il pirouette et virevolte,
Glissant sur le parquet des ans.
Sous ses chaussons de ballerine,
Amant fidèle, le temps dessine,
Les jours, les mois, les années,
L'avenir, le présent, le passé.
Effronté au cadran des heures écoulées,
Il se rit des saisons, front fièrement levé.

Majestueux soupirant au regard hautain,
D'un tour de main il bouscule les aiguilles d'airain,
Accrochant aux volutes des danseurs,
Des rides aux tendres couleurs.
Le temps, ballet aux taffetas soyeux,
Rapproche les cœurs amoureux,
Réunit les mains par l'automne dénouées,
Fait s'envoler les années égarées,
Et se retrouver les âmes énamourées.
Dans le couloir du temps les sentiments,
Se serrent, frileux amants.
Au frisson des heures perdues,
Répond la tendresse éperdue.
Aux détours des méandres étroits,
Le temps est émoi.
Le temps n'est qu'un espace
Où l'amour jamais ne s'efface.

Absence

Sonne l'heure au clocher de l'absence,
Fracas d'un grand silence,
Gong noir couleur d'évidence,
S'ennuie le temps à l'horloge de la distance.

Aux minutes arrêtées, cogne, solitaire, mon cœur.
Les aiguilles d'acier suspendues, en apesanteur,
Mordent, rageuses, le cadran du bonheur,
Déchirent l'âme de mes rêves voyageurs.

S'envole le temps à la course des nuages.
Sombre, la nuit drapée sur son bel attelage,
Recouvre le monde de son ténébreux alliage,
Installant à sa suite éphémères et tendres mirages.

S'endorment les rêves au lointain,
Frissonnent les amours sans lendemain.
Comme en suspens, le vent étend sa main,
Et doucement murmure l'amour d'un refrain.

Défilent les heures, longue traîne de souffrance,
J'entends le tumulte de ma vie en itinérance,
Se perdre et se noyer aux contours de ton existence,
Hurler à mon cœur où tu as passé l'alliance.

Il n'est plus de jours, plus de saisons,
J'ai perdu la sagesse et jusqu'à la raison.
Je t'invente au fil de mon horizon,
Je te perds aux nuits de ma déraison.

Quand la solitude défile, assassine,
Que ton ombre à ma mémoire se devine,
S'installe au rouge d'une passion clandestine,
La douleur fulgurante à ma poitrine.

Siffle à la cime des arbres nus,
le vent,
Complainte arrachée à la course
du temps,
A l'écho de ma plainte j'entends,
La musique de ton cœur
comme un chant.

A larmes nocturnes

La noire toile se déchire au loin. Grondement sourd d'une nuit reculant. Roulement de cauchemars en déroute. La nuit s'enfuit, déchirée, faisant danser sa longue robe de frous-frous sombres. La nuit renonce, emportant sa cohorte d'ombres tordues. Au loin l'aube encore mal réveillée, étire ses bras laiteux. Il n'y a rien, ni nuit, ni jour. Il n'y a rien qu'un silence, ni noir, ni blanc. Hier amants aujourd'hui distants. L'ombre s'éloigne sans laisser place à la lumière. Pas un bruit, pas un cri. Pour n'avoir pas su s'aimer ils ont installé la pluie. Pour avoir voulu s'aimer ils ont noyé le monde. Au loin le jour en larmes regarde la nuit partir. Un rideau d'eau protège ce dernier regard qu'elle ne verra pas. Le dos tourné, la tête baissée elle disparaît, les yeux embués. Le dos tourné, les yeux baissés, jamais le soleil ne saura qu'elle pleurait. Son dos mouillé, son visage ruisselant ils s'en sont allés, incapables de se dire qu'ils s'aimaient.

Il y avait

Il y avait le calme teinté de solitude.
Une vie parsemée d'habitudes.
Il y avait un manque depuis longtemps enseveli.
Un grand trait sur chacune de mes envies.
Chaque chose à sa place bien rangée.
Chaque place savamment occupée.
Surtout pas d'espace.
Ne pas laisser de place.
Rien ne pouvait m'arriver
Derrière mes murs, protégée.
Pour sésame, les mots étaient la clé.
Qui, pourrait disposer de ce laissez passer ?
Te voilà arrivé,
Jetant des mots par brassées.
Des mots tendresse, accents rêveurs.
Des phrases touchant en plein cœur.
Des lignes accroche-cœur au sens rêveur.
Des lettres à contre temps, effet dévastateur.
Il n'y a plus de calme, plus d'habitudes.
Que toi au fracas de ma solitude.
Mes piles bien ordonnées tu as bousculées.
Faisant régner le désordre dans ma vie bien rangée.
Plus rien ne retrouve sa place,
tu occupes tout l'espace.
Tu écroules les tas, chamboules mes tiroirs.
Ton image présente même dans le noir.
Tu mélanges mes couleurs jusqu'à créer les tiennes.
Dans ma vie comme une évidence, la tienne.
Au milieu de mon tumulte se dresse, géante, une ombre.
Je la souhaite pour effacer la pénombre.
Silhouette douce et rassurante.
Rêverie je t'invente.
Que le temps suspende son vol et que s'arrête la course des aiguilles.
Dans mes nuits tu brilles.

Nocturnes pensées

Qu'ai-je fait de ma nuit ?
A toi j'en pensé ...
A la lueur des étoiles je t'ai inventé.
Des heures durant je t'ai rêvé sans bruit.
Ma fenêtre ouverte un soir d'été, mon évasion.
J'ai pensé à toi des heures durant pour alléger le poids de ton absence.
Un rêve éveillé à la recherche de ta présence.
Une suite d'idées, une foule de questions.
Des réponses emmêlées au fil de mon imagination.
Des envies, des doutes, des incertitudes.
Des craintes peut-être, mais toi avec certitude.
Une promenade à travers champs, une pause au gré du vent.
Une balade au couchant au bord de l'océan.
Le tumulte des rouleaux marins.
La fraîcheur des embruns.
La folie de l'atlantique et toi pas loin.
Un rêve éveillé où je t'imagine sans fin.
Un chalet de pierres à un flan adossé.
La chaleur d'un feu et toi à mes côtés.

Sur mon épaule

Ce n'était pas ton souffle sur mon épaule dénudée
Seulement la mordante caresse de la nuit glacée.
Au creux de mon cou ne dansaient pas tes lèvres.
Dans un battement d'ailes le silence a emporté mon rêve

Effaçant la douce présence de ton corps alangui.
Tu n'étais pas là contre moi endormi.
Le frisson de tes mains sur mon bras
N'était hélas qu'un baiser du froid.

Je t'ai rêvé à mes côtés,
Image furtive, rêve effronté.
Mon épaule nue ne portait pas trace de toi.
Il ne t'appartenait pas, ce frisson d'émoi.

Alors j'ai arrangé mon plaid froissé.
J'ai rangé mes coussins éparpillés.
Reviendras-tu, papillon aux ailes poudrées,
Sur mon épaule te poser en un doux baiser ?

Rêveuse au rocher

Sur un lourd rocher, dansaient les voiles légers,
De sa robe couleur d'été.
A ses doigts un bloc de papier,
Sur lequel, elle écrivait.

Dans l'azur, sa silhouette se découpait,
Par les embruns, saupoudrée.
Ses longs cils noirs, sur ses joues, dessinaient,
De longues ombres à son regard baissé.

Le cobalt de l'océan, à ses pieds roulait,
De mousseline blanche parsemée,
Caressée par les ombres déployées,
De grands goélands pressés.

Rêveuse, à l'encre violette, elle écrivait.
Lettres, arabesques, emmêlées,
Mots tendresses, sous sa plume alignés,
Missive, à un homme, destinée.

Sur la noire roche, posée,
Immobile, le cœur aux vagues accroché,
A lui, en secret, elle songeait,
Alors qu'au vent, ses cheveux flottaient.

Sur son calepin, les lignes ployaient,
Sous le poids des mots bien ordonnés,
Elles faiblissaient et se courbaient,
Pour finalement, en bouquets, exploser.

Aux cieux, un oiseau criait,
Les ailes écartées, il planait,
Observant, lointain, la belle au stylo violet,
Qui d'une main, à son amour écrivait.

L'océan frémissant, sur la pierre, s'écrasait,
Caressant, de sa main glacée,
Les pieds qu'au vide elle balançait,
En une danse, que son cœur dessinait.

Par delà l'infini, plus loin que l'horizon et son trait,
En silence, du bout de sa plume, elle l'aimait.
Ses mots, en secret enlaçaient,
Cet homme lointain, son adoré.

Embruns

En ce pays où je rêve éveillée,
En ces lieux où le sable caresse mes pieds
L'air a le parfum des embruns,
Le soleil se mire à tes yeux cristallins.
Ma peau nue n'a de frisson que tes doigts,
L'écume à mes pas solitaires, parle de toi.
Plages inconnues à l'horizon noyé,
Chants des rouleaux par la houle balancés,
Mes chairs par le froid mordues,
Trouvent refuge en tes mains connues.
Ta peau de miel, mes yeux baissés,
Tes muscles longs, mon souffle pressé.
Rêve à cœur perdu, pour une âme perdue
Accords perdus, pour un rêve éperdu
Corps sans accords, rêves perdus
Dame de cœur, pour un cœur perdu
Cœur sans rêves, dans son âme perdue
Rêves de dame, rêves d'accords éperdus

Mots

Les mots sont des larmes
Les mots sont des armes
Les maux alarme
Des mots à larmes.
Emoi des mots
Et toi et moi.
Un moi vers toi
Un toi émoi.
Mots d'émoi
De toi à moi.
Mon toit à moi,
Mon toit c'est toi.

Ponctuation

Ni promesses ni obligations. Je ne suis rien pour toi sinon une pause.
Un souffle furtif comme une brise un soir de printemps.
Des mots volants, loin des yeux et du cœur, tourbillonnant.
Des mots que le soir éparpille. Des lettres qui se cherchent, une valse langoureuse alors que tes pas t'emportent. Des phrases entremêlant leurs sens, à double sens, sans aucun sens. Des mots connivence, des rimes appartenance, une danse à contre sens. Une parenthèse dans le noir, une porte vers l'évasion. Un espace temps comme en suspens, une parenthèse sans conséquence. Un souffle qui s'arrête, une inspiration le long d'un chemin sans fin.
Je ne suis rien. Que des mots enlacés. Que des phrases emmêlées. Que des lettres cherchant appui au miroir de tes lignes. Que des lettres que la nuit supprime.
Une virgule balançant en équilibre. Une griffe au bord du vide, funambule, le souffle court. Une virgule équilibriste, une respiration au fil du vent. Je ne suis rien qu'une suite folle de phrases sans paroles. Que des mots muets que l'ombre emporte. Que des errances philosophiques à tes heures d'ennui. Trois petits points le long du chemin. Suspension de presque rien. Un répit parfois poétique. Une histoire sans éthique. Petite envolée le temps de respirer. Mots parfois légèreté. Points de suspension comme un galop. Un temps arrêté au-dessus des flots. Un temps où l'âme joue les poètes sans maux.

Je ne suis rien qu'un alphabet mélangé, des mots jetés à contre pied. Phrases ivres pour encore vivre. Phrases vives, douce alternative.
Comme un point d'exclamation soulignant une émotion.
Balancier d'une horloge égrenant le temps. Un va et vient entre deux cœurs. Attente, ponctuation, espoir d'une réponse.
Si je ne suis rien. Qu'une balade solitaire. Qu'un quatrain sans lendemain.
Si demain tu repars en arrière, à ton dernier alexandrin ajoute un point.
Sans arabesques sans fioritures. Un simple point aussi froid que dur. Un terme à des mots qui se cherchent. Une fin dernière dépêche. Point final pas vraiment triomphal. Plus de mots retour au banal. À un point on ne doit rien au final.

Si tu étais un livre

Si tu étais un livre, il aurait la pudeur de nos premiers échanges. Il serait des mots en équilibre sur des lignes dansantes. A mots cachés, à phrases timides, les chapitres jeux de mots, les phrases en demi-teintes dépasseraient les frontières des droites lignes trop sagement tracées.

Si tu étais un livre, les mots seraient chansons, l'histoire serait fleurs. Aux rimes s'enlaceraient des bouquets cueillis à la rosée de lointains matins. Auréoles de couleurs au parfum léger, pétales frissonnants sous la caresse du vent, chaque fleur offerte serait poème, chaque mot serait partition.

A tes mots hésitants, mes phrases apeurées. Nos échanges comme une valse, nos mélanges comme une gamme. Des notes amoureuses bousculant un univers trop bien rangé. Des mots passion résonnant en se heurtant à des murs vides. Tes hésitations enroulées à mes doutes, corps par une danse rapprochés.

Page après page, chercher à expliquer l'inaccessible. A l'encre magique, faire apparaître l'amour sous son voile transparent. A la plume, des mots caresses, des phrases douces, lignes entrelacées, par la ponctuation bercées. Souffle léger, respiration envolée, une lecture feu pour un amour fou.

Si tu étais un livre il serait saisons et couleurs. Blancs flocons à la magie hivernale de flammes orangées. Printanière explosion colorée, caressée d'un pâle soleil pudiquement tremblant. Chaude aquarelle estivale, brûlante variation au cortège palpitation.

Aujourd'hui les mots sont bruns miel et douceur caramel. Tout en douceur, tout en rondeur, à l'heure où la nature se déshabille, ils posent à bas leur pudeur. Oubliant leur couverture ils vont à découvert, avançant vers toi, regard baissé, les yeux brillants de promesses.

Si nous étions ce livre qu'un jour nous avions commencé à écrire, cachés entre les pages nous laisserions nos mains se rejoindre et nos cœurs s'aimer.
Ce livre, qui n'est pas, mille fois j'y ai songé. Autant j'ai chassé mes envies, mes idées.

Ce livre je l'écris sans fin au secret de mon âme. Au fil des pages comme un murmure, l'amour soufflé à l'infini. Bruissement, brise légère emportant vers toi mes mots d'enfants, mes maux de femmes, une histoire, un rêve, qui jamais ne finit et toujours recommence.

Phrases

Des phrases restent des phrases.
Ballet langoureux de mots tendrement enlacés. Suite de lignes à la douceur pudiquement dévoilée. Des lettres si étroitement liées qu'elles pourraient être deux corps se découvrant. Deux amants aux mains incertaines. Des lettres entrelacées comme une caresse déposée. Des lettres frileuses n'osant qu'à demi-mot. Valse lente de promesses écrites en demi-teinte. Des phrases sur des lèvres entre ouvertes offertes, des mots comme un souffle fiévreux un soir d'hiver.
Les mots restent des mots. Étole de soie qu'un vent léger porte jusqu'à toi. Tendre frisson à l'aube du printemps. Des mots éclairés de nuit et qu'effacent les premières lueurs. Quelle importance à nos lettres jouant sur les mots, à nos mots que la distance sépare si bien. Les phrases dansent, les mots se balancent, les lettres se cherchent. Aujourd'hui ils dansent en confiance. Demain est loin encore. Laisse les lignes s'écrire avec douceur comme une main qui doucement se glisse sur une autre aussi sûrement que deux lignes se superposent. Les mots dévoilent ce que des grilles protègent.

Messager blessé

Au silence de la nuit, mes pensées vagabondes te rejoignent. A ton sommeil je m'installe. Silencieuse rêverie.
Tes yeux fermés. Ton repos agité. Tes traits tirés... Quels démons à ton front baissé ?
A ton oreiller, mon fidèle messager. Discret papillon aux ailes froissées. Discret papillon oublié à ta nuit malmenée.
Fripé, blessé, triste de n'avoir pas été trouvé, faiblement il lutte aux tourbillons de tes ténèbres.
Ton sommeil, agité par tes démons embusqués, a chiffonné ses ailes argentées, a blessé son corps léger.
A gestes menus, avec patience, j'ai défroissé ses ailes abimées. Sur ses blessures les plus profondes, j'ai soufflé un peu de poudre d'argents par les étoiles offerte. La lune, sur ses antennes, lasses et tristes, longuement a passé ses doigts dorés.
Il était si triste, si triste, ce petit papillon aux ailes froissées, aux antennes baissées.
Il était si triste, si triste, arrivera-t-il jamais, de ses blessures à se relever ?
Le regard embué, autour de moi, j'ai regardé. Ils étaient des centaines... Silencieux, leurs ailes poudrées lourdement retombées, ils gisaient immobiles... Si triste, si triste...
Le bruissement de leurs ailes, portant des mots d'amour par milliers, n'était qu'un épais silence de douleur.
La lune, caressant mon protégé, avait les yeux mouillés, en silence elle pleurait.
Souffle imaginaire, brise de rêve, un frémissement... Si léger, si léger...
J'ai vu ton visage s'apaiser et tes lèvres dessiner un infime sourire.

Au creux de ton oreiller, deux ailes frémissaient... Si légères, si légères...
Baiser virevoltant, un souffle tourbillonnant est venu effleurer tes lèvres endormies.
Epuisées par l'effort, les ailes d'argent ont replié leurs dentelles.
Le petit corps blessé, sur l'oreiller, dormait. Sur le tissu, contre ta joue, il reposait.
Par la lune éclairé, ton visage se dessine calme et serein.
Au pays des rêves, ensemble vous voyagez. Lui épuisé, toi apaisé. Vos deux vies emmêlées.
Vivra-t-il, mon secret messager ? Ses belles ailes de lune et d'étoiles scintillantes, sauront-elles encore danser au secret de tes nuits ?
Ce papillon qui était mien, à tes côtés je l'ai déposé. Mes tendres pensées, je lui ai confiées. Ce présent à l'écrin de tes nuits, parce que je t'aime en secret. A l'heure des étoiles, je serai près de toi.
Tendrement, je te regardais dormir aux côtés d'un papillon fatigué. J'ai agité mes ailes et mes blanches plumes ont chatouillé ton nez, caresse taquine...
Une nouvelle fois tu as souri. Savais-tu que c'était moi non loin de toi ?
Ton sourire endormi, comme une brise légère agitant mes cheveux fous. J'ai imaginé tes doigts à mes mèches en désordre... A tes côtés, j'ai rêvé ton regard appliqué et tes mains à mes cheveux défaits. Au secret de la nuit j'ai inventé la tendresse de tes gestes à mes boucles emmêlées. Ton sourire, sans me tromper, éclairait la nuit. Ton corps apaisé enfin reposait. Emerveillée, j'ai secoué la tête et sans me tromper j'ai entendu ton rire.

J'ai fermé les yeux laissant ta main glisser sur ma joue pour y cueillir une mèche accroche-cœur. J'ai fermé les yeux et j'ai senti tes doigts sur ma peau comme la caresse d'un papillon d'argent. Dans ton sommeil, ta joue reposait sur l'oreiller, tu souriais. J'ai avancé vers toi mes mains et j'ai laissé mes doigts caresser tes yeux, dessiner tes lèvres.
J'ai posé ma joue à tes lèvres. J'ai entendu ton murmure me chanter que tu m'aimais. Mes yeux lourds de fatigue ne voulaient s'ouvrir. Ta main s'est refermée sur mes doigts. J'ai entendu un doux bruissement. Des centaines d'ailes faisaient s'envoler des baisers par millier... Rêve ou réalité qui le sait, mes yeux lourds étaient clos en un moment de repos.

Visiteur nocturne

Silence... L'horloge du temps a ralenti sa course. Elle n'est qu'une lente respiration blottie au milieu de la nuit. Les bruits se sont tus écoutant, ébahis, le silence nocturne. Entre les murs, le calme s'est drapé d'une longe étole de sérénité. Il déambule, calme et solitaire, se jouant de la pénombre comme un chat sur un toit. Son souffle glisse sans murmure d'une pièce à l'autre, installant quiétude et bien être. Mon nocturne visiteur a les yeux rieurs. De ses jolis doigts il triture son habit. Son regard me fixe et je lis au fond de ses prunelles promesses et interrogations. J'aime sa discrète présence à mes côtés. Il est là, ici, partout. Il est là tout contre moi illuminant d'une douce lueur l'encre de mes nuits.

Il sourit gêné et ses yeux comme une caresse m'offrent leur voile de douceur. Je n'ose bouger de crainte de le voir fuir. Au dehors, la pluie rythme le temps s'enfuyant doucement. Son clapotis cadence les battements de mon cœur. J'écoute la pluie et j'imagine ces perles aux noirs reflets glisser sur un tronc, s'enrouler autour d'une tige, effleurer une feuille... À mes côtés, ses mains maltraitent le tissu et j'imagine ses longs doigts courir sur moi comme une goutte glissant sur une épaule dénudée.

Que penserait-il s'il savait mon désir de lui ? Son regard accroche mes cils tremblants, je baisse les yeux. Mon cœur n'est que furie couvrant le clapotis de la pluie battante.
Son regard est devenu braises et dans ses flammes, se reflètent mes envies. Dans le silence de la nuit, le tumulte de la pluie est une douce ritournelle à l'infini. L'onde nocturne est velours étreignant l'indolente nuit. Amante insolente elle promène sans pudeur ses doigts humides sur les noirs pourtours.
Le clapotis s'est fait murmure. L'horloge haletante retrouve sa calme cadence.
Dans le silence de la nuit, alors que la pluie épouse le dehors je regarde mon clandestin compagnon. Sur son habit ses doigts ne bougent plus. Il a l'air soudain si sérieux...
Mon cœur explose alors que se taisent mes mots. Je voudrais savoir lui dire. Je voudrais savoir prendre sa main et plonger mes yeux aux siens. Je voudrais savoir lui dire mais le silence chante trop fort. Bien plus que la fanfare de la pluie. Bien plus que les cuivres de mon cœur. Dans le bruyant silence de la nuit saura-t-il entendre mon aveu ?

Amour astral

Sans un bruit, la nuit a recouvert le jour. Sa longue traîne de noirs velours à sa suite, elle s'est posée à pas feutrés. Allongeant ses longues ombres, ramenant aux nids les oiseaux, recouvrant de silence leurs chants et leurs rengaines. Amante, aimante, tendrement elle a pris le soleil dans ses bras, et, posant ses lèvres de ténèbres sur ses derniers reflets dorés, elle l'a embrassé, le laissant s'endormir aux plis de son manteau d'encre. Doucement, sans heurt, elle a recouvert les dernières lueurs de ses noirs satins. A l'heure des retrouvailles, la nuit câline, a fait patte de velours aux dernières heures du jour. Ebouriffés, frissonnants dans leur logis, les oiseaux se taisent et attendent, le retour de l'astre d'or pour inonder le monde de leurs notes colorées. Dans un long soupir le soleil, les yeux fermés, s'est laissé bercer vers le repos. Pour ne pas effaroucher son sommeil, la nuit a allumé, une à une des étoiles par milliers. Petites flammes frissonnantes accrochées au firmament, elles veillent, offrant aux ténèbres, une douceur sans égal. Le soleil dort, ses ors alanguis, aux bras de sa belle en soies sombres. Il n'y a plus un bruit, que la chamade de deux cœurs battant à l'unisson sous le regard complice d'une voûte étoilée. Il n'y a plus de distance, plus de chemins longs à parcourir, deux cœurs dorment, l'un contre l'autre blottis, les doigts emmêlés s'aiment sous la caresse d'un sombre voile léger.

Offre-moi

Offre-moi tes bras pour y cacher mes nuits.
Au creux de toi je veux dormir sans peur.
Offre-moi ton cœur pour y cacher ma vie.
Contre ta peau oublier les heures.

Je te donne mes mains pour porter tes rêves.
Je volerais tes larmes et jusqu'à la moindre de tes peurs.
Fais de mes bras ton repos, ton refuge, ta trêve.
Au creux de mon cœur je cacherai tes douleurs.

Pour un jour, un mois, des ans, dépose les armes à mes côtés.
Une vie de douceur, loin des guerres, sans perdant ni vainqueur.
Nos craintes réunies en un bagage commun déposé.
Tes mots poésies, mes silences mélodie, musique du bonheur

Sur tes noirs je déposerai mes bleus.
Le pinceau de mes lèvres diluera tes nuits.
Ensemble sur un tapis camaïeux,
Palette de l'espoir aux couleurs de l'envie.

A la caresse de tes doigts, laisser naître l'espoir,
Mélanger nos couleurs, inventer nos nuances,
Je pourrais essayer aussi, si tu veux bien y croire.
Faire naître le rouge, si tes mains sont patience.

Désir

À tire d'ailes,
Au fil du vent,
De la terre au firmament,
Je t'aime comme une enfant.
À travers champs,
Au delà du temps,
À la démesure, passionnément,
Femme, je te désire intensément.
Je te veux mien à chaque instant.
Amour indécent,
Tendresse infiniment,
Toi toujours assurément.
Ta peau au frisson du vent,
Mes doigts au chemin de tes sens.
Ton souffle palpitant puis mourant,
Accord de corps amants.
Je t'aime doux effrontément,
Je te veux fou certainement.
T'aimer hier comme une enfant,
Et femme m'offrir pour le restant.

Portrait

Il est un pays où tu te trouves, un lieu secret que mon cœur encore ne connaît. Cet endroit lointain, mon cœur le cherche pour t'y rejoindre. Dans le froid de l'hiver je sais que chez toi il fait chaud. Dans la tourmente de ma vie, je sais que chez toi il fait beau. Je cherche tes yeux pour éclairer ma nuit, je cherche ton regard comme une lampe à chacun de mes pas. A mes pas hasardeux, j'ai besoin de ta main pour retenir mes chutes. A ma démarche incertaine j'ai besoin de ton épaule pour appuyer la mienne.

Où es-tu toi que j'aime. En quel endroit reculé es-tu caché ? Je ne sais qui tu seras, je ne sais si tu m'attends ? Je sais ce besoin infini de poser ma vie en ton pays. Je sais cet infini besoin de toi auprès de moi.

Je vole à la nuit son encre pour dessiner ton ombre. D'un trait mal assuré je trace ta silhouette. En mon cœur elle sera belle, grande et forte comme un château dressé sous un ciel d'été. Qu'est-ce que la beauté, si ce n'est ce que l'on aime regarder ? Si ce n'est ce que le cœur voit là où les yeux se noient ? A mon cœur tu seras beau, palais majestueux posé sous la caresse du soleil. Sur tes tourelles les oiseaux déploient leurs ailes. En ta cour dansent de blancs chevaux à la crinière d'argent.

Alors que mes pieds, usés d'avoir tant cherché, d'avoir tant marché, fouleront enfin ton pavé, ma fatigue ne sera qu'un souvenir à ton royaume trouvé. Et, si la longue route semée d'embûches a fait couler mon sang tout autant que mes larmes, sur le chemin je trouverai, pour me guider à toi, de rouges ruisseaux, balises me ramenant à ton cœur.

A l'encre de la nuit, j'ai dessiné ton regard aux sourcils rieurs. Est-il noir ou bleu ? Est-il parsemé de cette mystérieuse poussière nocturne ou a-t-il la profondeur d'un lac dormant aux sommets enneigés ? Si la nuit y dessine sa voie, alors je viendrai y trouver repos. Si l'eau aux reflets d'azur s'y mire sans conjure mes pieds meurtris de t'avoir tant cherché, y trouveront répit. Ton regard est-il vert ou bien miel ? Si l'émeraude d'un champ s'étale, comme l'herbe ondulant au frisson du printemps, à travers tes cils baissés, je viendrais sous la caresse du vent y faire de grands bouquets. Si c'est de miel ou de noisette que se pare ta prunelle alors, gourmande je viendrais du bout des lèvres goûter au fruit défendu. Quel qu'en soit la couleur, j'ai volé à la nuit une brassée d'étoiles pour que toujours tes yeux rient. Noir, bleu, vert ou miel, une pluie de paillettes fera sourire ta vie.

Tes yeux seront beaux de ce
qu'ils ont vécu,
de ce qu'ils ont connu.
Ton regard parfois perdu
en de lointains rêves,
saura dire les mots que
tu n'oseras prononcer.
Je dessine ton regard avec une
infinie patience afin que sur moi,
toujours avec insistance,
il se pose toujours.
Trait à trait, j'arrondis la courbe
d'une paupière, doucement
je gomme la moindre
parcelle de tristesse.
Je veux ton regard doux comme
j'aimerai qu'un jour il se pose sur moi.

Si le reste n'a pas grande importance, je m'attache avec soin aux contours de tes lèvres. Planète de volupté, elles seront douceur et rondeurs. Je les crayonne et puis j'efface. Pas assez de couleurs, pas assez de langueur, elles seront le reflet de ta passion. Je les veux gourmandes et tendres, câlines et exigeantes. Je les veux caresses et folie, belles à couper le souffle lorsque viendront s'y poser les miennes. Tes lèvres comme un papillon de nuit amenant l'émoi, faisant battre l'envie.

Tes lèvres qui de mes tempes à mon cœur impliqueront une course folle à ma bouche pleine d'envies. Tes lèvres comme un trait d'union de ma vie à la tienne, comme une passerelle entre nos deux mondes de plaisirs. Je m'applique à les dessiner parfaites, pour pouvoir sans fin les aimer. J'en construis les traits pour qu'ils épousent la mienne. Nul espace ne doit pouvoir séparer des lèvres qui s'aiment. D'une main assurée, je termine l'esquisse d'un ourlet franc et appuyé, signe de ta virilité. Je veux tes lèvres amantes, aimantes, exigeantes, intransigeantes. Je les désire faiblesse et caresses. Je les devine, force et volupté. Nulle place à l'hésitation lorsqu'elles rejoindront les miennes, elles prendront sans restriction et offriront avec effusion. Ta bouche terminée j'ai regardé mon croquis et d'un doigt tremblant j'ai caressé le velours de tes lèvres.

Sous mes doigts papillon, j'ai entendu ta voix comme un murmure. Ta voix comme un torrent de montagne dont le chant calme et bas traverse les monts sans sourciller ni s'amenuiser. Ta voix comme un chant à la puissance d'un océan en colère. Grave de ce que tu veux me dire, basse de ses secrets longtemps retenus. A ton image elle sera force et tendresse, comme une douce caresse à mon doigt hésitant. Entre tes mots, ton rire gêné maquillant ce que ton cœur voulait dire. Tumulte d'une rivière dévalant les flancs enneigés, ils se sont perdus au silence de mon doigt. Ton rire comme un voile de pudeur a enveloppé ce que jamais peut-être je n'entendrai. Je n'ai retenu de ta voix que son chant brûlant, que sa mélodie basse et douce à la fois.

Dans le silence de tes mots, je voyais s'inscrire, dans tes yeux les phrases que tu ne savais dire, je sentais à la morsure de tes lèvres ces aveux que tu ne savais faire. Alors tes mots captifs se sont faits lacs à l'onde tremblante. Sur le bleu miroir, ils flottaient à contre courant, à contre temps. Frêles esquifs ils allaient au gré du vent, frissonnants à la caresse de ma main. Frémissants dans leur carcan de pudeur, hésitants dans leurs habits de douleur, ils étaient là à portée de main, luttant pour ne pas craindre mon approche. Je me suis assise immobile n'osant avancer la main pour caresser leur dos rond et craintif.
A l'onde de l'eau bleutée j'ai laissé ma main errer, les yeux au ciel à la recherche de ton regard. Alors que ma rêverie m'amenait vers tes lèvres, sous mes doigts j'ai senti un frisson.

Sensation imperceptible, émotion furtive. Tes mots vers moi glissaient, vaguelettes discrètes, minuscules, cherchant auprès de moi refuge. Lentement j'ai ouvert mes doigts laissant aux mots la possibilité de venir s'y frotter. Leur nageoire dorée clapotant autour de mes doigts glacés, ils approchaient avec la timidité que seule apporte une grande pudeur. En silence, ils se sont confiés, laissant à mes doigts gourds, le soin d'en démêler les bribes enchevêtrées. Tes mots muets dans le reflet d'un lac bleuté, vers moi se sont tournés et en confiance se sont donnés. Lorsque mes larmes ont roulé, elles avaient la couleur azur d'un ciel à l'infini se reflétant dans un lac pur, elles avaient le goût salé d'une pudeur courtisane de tant d'années. Perles d'azur, elles ont rejoint les nageoires d'or en une caresse pleine de tendresse et de pudeur. En mon cœur je savais la musique de ta voix, je connaissais la gravité de tes propos.

Les mots dits, souvent maudits, des maux dits seuls on guérit. Quand la guerre rit, les mots dits telle une guérite protègeant les maudits. Les mots sont l'émotion, des maux dits. Le son de ta voix comme un torrent coulant jusqu'à mon cœur, je regardais ton portrait les yeux embués.
Tu es maintenant dressé face à moi comme un géant au contour flou, comme une forteresse rassurante, comme un édifice protecteur. En tes murs je sais pouvoir cacher mes doutes. Sur tes blancs chevaux à la crinière d'argent, j'irai librement cheveux au vent. A l'ombre d'un géant, les bras noueux du malheur ne viennent pas se frotter. Au-dessus de moi par milliers, des oiseaux les ailes déployées feront un rempart à mes sombres idées. Lorsque s'étend l'ombre d'un géant, les reines maléfiques restent en leur palais et je peux aller, vagabonde, les pieds légers.

Promenade hors du temps

Promenade hors du temps,
Au fil des ans,
A contre temps,
Vivre le passé au présent.
Emmêler ce qui fut et qui demain sera,
Laisser les pavés guider les pas,
Fermer les yeux, savoir où l'on va,
Hier inscrit au futur il va de soit.
Au lourd clocher confier son cœur,
A Ste Anne offrir ses pleurs,
Aux grises façades donner ses peurs,
Au fil des ruelles reconnaître le bonheur.
Balade à remonter le temps,
Laisser les heures dormir au cadran,
Oublier la course du vent,
Entendre naguère revenir haletant.
Se perdre à la douceur des souvenirs,
Avancer et en arrière repartir,
Reconnaître mais vouloir découvrir,
Capturer l'instant, ne plus le laisser fuir.
Lorsque sonnent les heures,
Entendre le battement de mon cœur.
Les semaines, les mois, les ans, comme un passeur,
M'ont ramenée, en ces lieux séducteurs.

Horloge de schiste

Au cadran l'heure s'écoule,
Rivière à l'onde frémissante,
Elle ricoche et roule,
Aux aiguilles brillantes.
Le temps passe, trottant, accroché,
Il défile, inexorable et hautain,
Sur l'horloge de pierre taillée,
À petits pas, toujours vers demain.
S'élèvent les notes discrètes,
Alors que tombent les secondes.
Dansent les minutes, fluettes,
Rythmant la valse du monde.
Il n'est pas d'heures plus tristes,
Que celles de l'attente.
Fassent les reflets du schiste,
Les rendre moins tremblantes.
Au mur, toujours le temps passera,
Si sa musique blesse ton cœur,
Si sa langueur est manque de moi,
Entends sa mélodie douceur.
Les heures passées ne seront plus,
Des jours perdus, écartelés,
Trop loin pour être vécus,
Solitaire, l'âme lourde et noyée.
Chaque seconde sera sentier,
Douce balade, parfum d'amour,
Nos pas se trouvant pour s'être tant cherchés.
Le temps passé nous rapprochera chaque jour.
Mes mains voudraient retenir,
Pour nous, le tic-tac blessant.
Repartir en arrière, y construire l'avenir.
T'aimer pour le reste des ans.

Orage

Ploie le ciel sous son trop lourd fardeau,
Plie l'horizon, secoué de violents sanglots.
Le gris épouse terre et champs,
Les larmes se mélangent à l'étang.
Il n'est plus triste tableau
Qu'un regard noyé sans mots.
Les cieux, déchirés, écartelés,
Meurent de n'être plus aimés.
L'espoir ce soir est mort,
Il n'est plus de sourire aux reflets d'or.
Les trottoirs aux pieds baignés de pleurs,
Ont perdu jusqu'au goût de la peur.
Les rires sous les flots, ont disparu,
Sur les joues du monde coule un ru.
Le front triste, les yeux baissés,
L'amour s'enfuit, blessé.
Un ange, les ailes, de larmes souillées,
S'éteint, seul, de ne jamais plus voler.
Ses ailes repliées, par l'orage vaincu,
Bercent ses rêves déchus.
Loin, si loin, résonne le bonheur.
Trop loin sous les cieux en pleurs.

Portrait de pluie

À ta fenêtre la pluie dessine du bout des doigts.
Trait à trait elle glisse et puis efface.
Avec application elle reprend mille et une fois.
Petit à petit apparaît un portrait fugace.
Sur les carreaux à main de velours.
Avec patience, avec tendresse, à l'encre noire,
Elle crayonne les contours de l'amour
Et sans erreur possible j'y découvre ton regard.
À ma fenêtre doucement sourit la nuit.
Tes yeux me regardent tendrement.
Du bout des doigts et sans un bruit,
La pluie m'a offert le plus doux des présents.
Un coup de vent haineux a mélangé les traits.
D'un revers il a fermé tes yeux,
Jaloux, il a brouillé, barbouillé, effacé,
Ce rêve fugitif offert par des gouttes glissées.
Au verre triste et gris reste le souvenir,
D'un visage, par une bourrasque emporté,
Mirage, pour ma solitude adoucir,
Que les nuages ont effacé.
À la fenêtre la pluie dessine des ruisseaux,
Longs fleuves aux contours tortueux,
Rivières aux yeux clos,
Rêves effacés, larmes d'adieux.

Avenir

J'ai marché longtemps, j'ai cherché des heures.
J'ai connu de noirs tunnels, visité d'interminables méandres.
J'ai parcouru les ans, j'ai visité les peurs.
J'ai mis du temps mais j'ai fini par comprendre.
Un mâle, des maux, un mal, des mots.
L'homme est un ciel,
Il en est des laids, il en est des beaux.
Parfois vrais, parfois artificiels.
Choisir de délaisser les oripeaux.
Sur le long chemin de mes errances,
Souvent j'ai buté sans une main pour me retenir.
Sur cette route d'embuches semées, j'ai rencontré la chance.
Au bout du noir, là où s'arrête la terreur ; l'avenir.
À chaque pas trébuchant, une leçon, Toujours et encore se relever.
Regarder en haut, reprendre l'ascension.
Offrir ce qu'il m'a volé.
La nuit n'est pas noire,
Sur son drap aux mains d'encre,
Dorment de douces étoiles d'ivoire,
Offrant l'amarre d'une ancre.
Jamais un ciel ne s'éteint.
Cherche, s'il le faut sans fin,
Toujours un peu de bleu vers un monde rêveur.

Croire

Il faisait nuit sur le fil de ma vie.
Il faisait gris sur la ligne de mes envies.
Des illusions déçues,
Des rêves déchus.
Un lourd silence
Une longue errance.
Des éclats de confiance
Aux quatre coins d'une longue absence.
Je ne voulais plus voir,
Je ne voulais plus croire.
Au milieu de ma nuit
Dans le fracas de mes envies,
Je désirais le repos
Comme unique oripeau.
Je ne voulais plus croire
Je ne voulais plus voir.
Je ne rêvais qu'exil
Et l'oubli pour ultime péril.
N'être que façade
Et mascarade.
Rire au-dessus des larmes
Sourire pour seule arme.
Au fond de mon silence
Un vacarme évidence.
Un bruit assourdissant
Un tumulte éblouissant.

Un éclat de rire, un éclat de vie.
Tes yeux sur le fil de ma vie.
Un réveil, une envie.
Un besoin, une folie.
Un été aux portes de l'hiver,
La chaleur de ta voix solitaire.
Une certitude évidente
Comme une envie, violente.
Ton regard brillant d'étoiles
Et au fond, ton cœur que tu dévoiles.
Si tu savais combien je tiens à toi
Combien je voudrais compter pour toi.
Ce tumulte dont je ne voulais pas,
Ces sentiments devenus trop las.
Derrière tes yeux rieurs
A tes phrases aux mille couleurs
Tu as tout emporté
Tu as tout dévasté.
A ton arrivée une envie de construire,
Un besoin immense de te chérir.
Je voudrais savoir te dire qu'aimer
A trouver un sens à tes côtés.
Tu es ce qui est beau au milieu de la pluie,
Ces envies aux heures blanches de mes nuits,
Cette douceur aux ombres de mes envies,
Cet espoir au palpitant de ma vie.
Tu es cet amour toujours plus grand.
Ce désir éblouissant.
Tu es ce tout unique beau et fou
Tu es l'espoir, l'amour, mon tout.

Brocante

A la brocante de ta vie
Tu m'as trouvé brisée, salie
Aux oubliettes de ton ennui
Si loin de moi tu t'es enfui

Convoité j'ai redonné
Joie à tes heures blessées
Au firmament des oubliées
Brille une étoile esseulée

A l'heure où sonne le bilan
Quand ton absence est diamant
Le vide brille à présent
De mille feux brûlants

A la brocante de ta vie
Des rebus je fais partie
J'ai donné, tu as pris,
Ma mort prolonge ta vie

Souvenirs

Le regard perdu au loin
Dansent des souvenirs en draps de satin.
Au creux de la mienne, ta main,
Et ton amour pour unique chemin.

De nos jeunes ans sans lendemain,
Mon cœur encore se souvient,
Comme de cet instant ténu
Que d'un mot, l'avenir tue.

Aux souvenirs du passé,
Ton image emmêlée,
Brille au miroir du bonheur,
Danse en habits de douceur.

Ma mémoire défaille,
Je me souviens entre les mailles,
De ces heures arrêtées,
Sur ton épaule par mes larmes mouillée.

J'entends encore le bruit du vent,
Longue complainte de tourments,
Rugir à l'écho de ton silence,
Résonner à ma solitaire errance.

Dans le lointain, j'entends toujours,
La fin de nos amours,
Danse macabre
A la complainte palabre.

Longtemps le regard perdu au loin,
Je t'ai cherché en vain.
Espérant du lever au couchant,
Revoir ton ombre

Soleil amant

Le soleil endormi, le cœur bercé d'une délicate mélodie, repose, la joue posée sur la nocturne poitrine de sa secrète amante. Drapée de ses ténébreuses dentelles, son aimante, avec mille précautions, ouvre les bras. Une dernière fois, ses doigts glissent sur la peau brûlante de désir de son aimé astral. Du soleil assoupi, sa caresse de feu, ravive le feu. N'osant encore ouvrir les yeux, le roi du jour a le cœur serré. Sa courtisane, de noirs velours vêtue, de ses rondeurs se détache peu à peu. D'une ultime étreinte, elle entoure son amour d'une immense étole aux milles fils d'or. Les yeux brillants de pales reflets d'or, le soleil regarde glisser, le sombre traîneau de la nuit. Il ne reste de leurs amours interdits qu'un immense foulard aux couleurs de l'aube. Pour cacher sa peine, le soleil y enfouit son nez. Par son étole protégé, il redresse fièrement le front. Les yeux encore brûlants il prend l'air, arrogant. Nul ne doit savoir qu'il a pleuré. Jamais... Seul un oiseau levé trop tôt, met en musique la chanson de leur amour interdit. Sa mélodie, reprise sur chaque branche, saute d'arbre en arbre. Portée par chaque oiseau s'éveillant, elle secoue le pays puis, inonde le monde. Dans sa course solitaire, la nuit entend le chant. Sa lente promenade en devient un peu plus douce. Elle recouvre le monde de son écharpe de velours oubliant de blesser, de ses griffes acérées, les pays visités. Elle se fait câline, portée au-dessus des flots, par le chant lointain de millions d'oiseaux.

Ma belle amie

Ma belle amie, ma douce, ma mie.
Sur ton épaule mes larmes en ruisseau,
Dessinent le chemin de ma vie.
Mamie, ta main comme un berceau,
Au poids de ma douleur ennemie.
A mes doigts lourds de sanglots,
Ton regard à l'encre de ma nuit.
Ecris ma mie, amie
Tes mots étamines,
A ma pénible douleur,
Caresse ma poitrine,
Comme le vent une fleur.
A toi mamie, douce manie,
Tendre refrain,
De nos heures amies.
A nous sans lendemain.
Ton amitié, mon amie cale,
Pétales doucement colorés,
Ta présence à mes côtés installe,
Un bouquet aux senteurs complicité.
En un seul, comme en deux,
Tendresse d'un mot, ma mie.
Du rire aux larmes, triste ou joyeux,
Tu m'aimes mon amie don.

Mon ange

Mon ange aux ailes d'or.
Au firmament tu dors.
À l'azur infini tu offres sa beauté
Aux cieux tu voles libérée.
Mon papillon léger
Ma tendre, mon amitié.
J'entends ton rire
Je te vois sourire.
Ta vie dans la mienne à jamais.
Je danse, je ris, je vais
Mais toujours à mes côtés,
Plane un ange au plumage léger.
Il n'y a d'infini plus grand
Que ton regard brillant.
Il n'y a de plus doux souvenirs
Que l'éclat de tes sourires.
Ce ciel que tu enflammes
Est une partie de mon âme.
Ma douce mon hirondelle
Je pense à toi sous le soleil

Départ

Depuis mes contrées de lassitude j'entends les cloches égrener leur mélodie.
Notes portées par le vent, partition lointaine,
Elles volent vers mon pays.
Je revois vibrer ce clocher auprès duquel bat ton cœur.
J'écoute cette chanson qui fût celle du bonheur.
À mes yeux humides se dessine ton sourire alors que chante la grosse Marie.
Lourd de souvenirs mon bagage attend aux pieds de mon lit.
Le froid a fait perdre leurs habits, aux branches frissonnantes.
Je sais qu'au loin, un grand arbre, agite ses mains grelottantes.
Je ne verrai plus ses roses fleurs par milliers saluer mon arrivée.
Son auréole colorée dessine un nouvel horizon à mes jours comptés.
En son pâturage, ce seigneur qui, l'espace d'un instant, fût mien,
Gardera peut-être en son cœur, notre amour, secret destin.
À mes joues, loin de ton regard, roulent des larmes.
Ton rire, comme une lame, fait danser mon âme.
De mon corps à mon cœur, une sourde douleur.
Dans mon bagage, enfouis, tes mots douceur.
Je dois partir, le temps passe, approche l'heure.
Ici, je laisse le pire pour emporter, là bas, le meilleur.
Je garde ces pétales offerts au matin de mes jours.
Bouquets déposés, à chaque levé, témoins de ta cour.
Confettis aux douces couleurs, avec passion choisis,
Marques d'affection, déposées pour moi à l'infini.
Ces fleurs cueillies au gré de ta folie gardent leur éclat.
J'emporte ces brassées parfumées, je ne regrette pas.

Le vent, seul, saura, les mots poésie, glissants entre nos cœurs,
Les rires, les attentes et les espoirs au plus clair de nos heures.
Sa longue complainte, longtemps, chantera ce qui fût nous,
Mélodie accompagnant mes pas, notes amour tel un bijou.
En ma demeure dernière je t'emporte à jamais.
Là-bas, plus rien ne compte et je pourrai t'aimer.
A ta galerie de mes souvenirs, tu règnes en maître.
Mes jours heureux, mon azur, mes jours de fête,
Sont gravés à l'acier ténébreux de ton amant regard,
Vivent à chacune de mes pensées où ton amour est art.
Ce large champ où nous marchions est devenu mon horizon,
L'herbe, à ma foulée est douce comme un frisson,
Les yeux fermés, le cœur béant, mon amour, je m'y promène.
L'hiver est là, brisant nos chaînes, pour toujours ta main à la mienne.
Cette histoire où nous vivions, aux vastes étendues, toujours sera.
A ma mémoire, ta vie accrochée, ton rire suspendu, au mien ton bras.
Résonne le clocher, son cri comme un glas.
Les ténèbres de sa cime à tes yeux las.
Je me souviens, tu es ici, partout, à chacun de mes instants.
Tu es ma supplique dernière, ce vœu fait par une femme espérant.
Tu es mon sentier dernier,
Celui à mes pas épuisés.
Tu es cette marche lente au creux d'un chemin, de fleurs parsemé.
Tu es cette évidence à mes côtés comme à l'arbre une fleur poudrée.

Là où je suis

Là où je suis, je suis bien. Règne le silence, je suis en errance.
Loin de tout, loin de tous j'ai pris un chemin lointain.
Dans le calme et la souffrance je suis en partance.
Les rivages s'estompent dans une brume étrange.
Ils ne sont qu'un trait pâle à l'horizon.
Semés de coupants roseaux et de noires fanges.
Recule le marécage, sous l'onde de mon embarcation.
Accrochés aux invisibles feuillages un bruissement me rappelle la vie.
Immobile, à bras ouverts, m'aspire le silence.
Glisse ma barque, je t'imagine là-bas, tu souris.
Je vogue sur le souvenir de ma souffrance.
Au-delà du noir, là où je devine ton regard.
Par delà la nuit et ses affres endeuillées.
Quelque part, nos souvenirs flottent à ma mémoire.
Je pars chercher ce que le temps nous a volé.
Les berges où balancent en sifflant les joncs,
Ne sont plus qu'une image sans attraits ni couleurs.
Le vent m'apporte ta voix et ses chansons.
Dans le brouillard vers toi elle me guide sans frayeur.
Caresse, elle effleure le miroir immobile et sombre,
Effaçant autour de moi, ce qui fut et plus jamais ne sera.
Sur les flots, s'étirent d'immenses ombres.
Une sorcière en habits de lumière étend vers moi ses bras.
Elle déchire mes chairs, fouille mes entrailles.
Ses longs doigts griffus, se perdent et s'échinent.
Il n'y a plus à prendre sur le chemin de mes funérailles.
Que ses ongles s'abiment sur mon champ de ruines.
Ton image comme une lumière douce,
Fait reculer la nuit, m'indique le chemin.
Je sais qu'au bout du tunnel, à ta source
A jamais et pour toujours je retrouverai ta main.

Je resterai lumière

Et si ma mort ne devait être qu'un passage, si elle n'était qu'une lueur dans la nuit, qu'une couleur illuminant le jour. Alors je serai ce chemin guidant vos pas, je serai cette étoile au-dessus de votre couche, je serais ce soleil éblouissant de vos aubes jusqu'au couchant. Je serai cette clarté que vous avez tuée pour installer le néant. Je serai cette lumière que vos mensonges ont effacée pour y dessiner de tortueux méandres. Je serai cette étoile éteinte dans la nuit noire, arrachée aux cieux par le maléfice d'une main avide et creuse. La mort n'éteint pas le jour et il vous faudra souffrir que toujours, une lueur vous rappelle ma présence à vos côtés. Chaque jour passé m'éloigne de ce soleil dont j'aimais te parer. Chaque jour est un tourment guidant mes pas vers le chaos. Si en silence, je m'installe dans le vide, si l'obscurité guide mon chemin ultime, toujours quelque part le jour suivra la nuit. Toujours les ombres étireront leurs inquiétants fantômes aux mains avides et creuses. Toujours à l'aube de vos réveils, de longs bras tordus, ramperont jusqu'à vous sous l'éclat d'un soleil naissant. Toujours dans le silence précédent la nuit, de grands spectres allongeront leur douloureuse présence à vos côtés. La lumière fera toujours naître les ombres et dans le silence de sa perfidie, je serai là à chacun de ses pas. Ces ombres au creux de son regard, rappel d'une si grande trahison. Ces paillettes à ses prunelles, diamants de mensonges offerts sans sourciller. Toujours autour d'elle, mon ombre. Rappel à une reine, dont le reflet au miroir sera mien.

Je serai

Je serai ce quartier de lune posé sur ton épaule lorsque tes pas seront las de marcher au chemin de ta vie.
Je serai ce rayon d'argent posé au creux de ton cou, cette lueur blonde éclairant l'encre de tes nuits.
Je serai ces étoiles accrochées au ciel d'été, ces éclats brillants, feu d'artifice à tes yeux devenus gris.
Ombre à tes doigts noués, les miens, rubans de velours, emmêlés, attachés, amoureux, plume légère, alanguie.
Pour un instant, le temps d'un frisson, caresse du vent, fais moi reine à tes nuits.
Une seconde, battement de cils, moment arraché, à la pudeur dérobé, l'espace d'un soupir, aime-moi à la folie.
À ton regard perdre le mien, laisser sans lutter le plaisir gagner, fermer les yeux, entre tes bras, blottie.
Laisse-moi rêver, offre-moi d'espérer, demain il fera jour, à l'aube pâle la lune secrètement aura fui.
Ne restera sur ton épaule qu'un sillon frisson, illusion de sentiment déraison, morsure d'un amour interdit.
À ta nuque le dessin invisible de mes lèvres ivres de toi, ruisseau brûlant au parfum de mes envies.
Voir à tes paupières mi-closes briller la voûte céleste, ciel couleur tempête emporté au vent d'un désir furie.
Dessiner à tes reins assoupis, des bouquets de roses aux pétales délicats, des champs de fleurs passion couleur folie.
Sentir s'ouvrir tes doigts et les voir s'endormir, lourds d'un plaisir volé à la fantaisie d'un lit éclairé de bougie.
Me découvrir femme alors que s'envole ton sourire, être repue de toi, heureuse jusqu'à la lie.
Pour une heure je veux croire, espérer l'impossible, retenir les aiguilles au cadran,
Te désirer à l'infini.
Aux portes du sommeil, quand mon parfum couvrira ta peau encore humide, dis-moi, je t'en supplie que jamais l'amour ne finit

Minuit

Minuit... Pas le moindre train du sommeil ! Je traîne seule sur un quai désert. Depuis longtemps les voyageurs ont embarqué dans des wagons fuyant au loin. Mes épaules douloureuses ne sont que cordes tendues, que stress à fleur de peau. Mon dos douloureux se cambre, refusant au repos la moindre approche. Les heures défilent, les trains s'enfuient. Dans la nuit leurs yeux rouges ne sont plus que des points brillants à l'horizon. Les uns après les autres, la peur au ventre, je les ai vus s'estomper au loin. Au dessus de ma tête, la grosse horloge du temps. Pâle lune veillant sur la tristesse d'un quai désert, elle égrène ses heures fantomatiques. Ses aiguilles, comme des pics acérés, ont taraudé mes heures éveillées, remuant dans les plaies, leur acier trempé. À ces minutes enfuies, à ces heures échappées, je voudrais emboîter le pas.

Être loin de là, où, je ne sais pas. Comme ces heures qui loin de moi s'envolent, je voudrais partir, disparaître et que rien n'arrête ma fuite. Il est des moments où ces nuits sans sommeil deviennent trop longues, où ces heures de terreur pèsent trop lourd.

Ce temps que je ne sais pas arrêter. Ces heures de noires idées. Je cherche où aller. L'horloge et ses blessantes aiguilles, n'est qu'une pâle lueur dessinant de furtives ombres. Mes chemins, suite de vagues allées enchevêtrées d'ombres aux griffes inquiétantes. Trop de noir, pas assez de lumière, sur le quai, je reste là, terrée. Je me pelotonne contre un tronc noueux. Résister. J'attends que la lumière gomme les ombres.

Je regarde leurs grands bras reculer et leurs mains griffues s'éloigner. Sur la feuille du jour tombent, une à une, mes heures sans repos. Tristes aquarelles elles dessinent leurs contours vagues. Dans le flou de mes pensées, tu danses, point lumineux. Sur le papier mouillé tout est mélangé. Des traits sont tirés mais aucune perspective n'apparaît.
Des lignes se mélangent, enchevêtrement angoissant, sur lequel un point coloré joue les funambules. Il avance à pas feutrés. Parmi les noirs aux entrelacs frissonnants, il glisse, équilibriste au-dessus de mes vides. Fruit de mon imagination par mes rêves construit. Palette aux couleurs nocturnes, s'estompant le jour venu.

Je regarde cette feuille que le temps, perfide a étalée. Je n'y vois rien. Que des traits aux courbes incertaines. Que des droites qu'une ombre griffe. La grosse horloge fait tomber ses chiffres. Larme sur une aquarelle noyée, mon rayon de couleur n'est qu'illusion. Je le regarde danser à mes doigts, semblable aux yeux d'un train s'enfuyant au loin.
Je voudrais être artiste. Savoir poser des couleurs sur mes nuits de pleurs. Mais, si j'étais artiste, d'un trait de gomme je m'effacerais !

Bras de fer

Dans ses bras il la tenait blottie
Et alors qu'ils valsaient, enlacés,
Il caressait ses cheveux chéris,
Embrassait son cou à la peau dorée.

Sa robe pourpre moulait sa poitrine,
On pouvait voir aux creux de ses reins,
Le tissu se tendre sous la pression de sa main,
Alors que son bras enserrait sa taille fine.

L'homme la tenait contre lui, serrée,
Et sous sa chemise on pouvait voir,
La courbe de ses muscles danser,
Sous les étoiles éclairant le noir.

La tête penchée sur son épaule, on pouvait croire,
Qu'elle se laisser aller, langoureuse,
Prisonnière d'un amour plein d'espoirs,
Abandonnée et heureuse.

Enfermant son corps, il emportait
Sa femme, glissant sur les notes fleuries,
D'une partition essoufflée,
Aux tristes accents mélancolie.

Le tissu carmin, se mirait dans l'obscur du regard,
De l'amant au sourire étiré de folie.
Son regard fou, brillant, hagard,
Regardait sa douce alanguie.

Il regardait mauvais, l'œil vainqueur,
Son amour, contre lui, endormie,
Aujourd'hui loin de toute peur,
La belle ne tremblait plus, répit.

Au bout de la portée, musique envolée,
Il a ouvert ses bras puissants.
Elle tombe sur le parquet,
La robe tâchée de sang.

Ses yeux fermés ne reflètent plus,
La terreur d'heures de douleur,
A jamais elle dort, vaincue,
Plus jamais elle n'aura peur.

La vieille

La vieille est assise.
Ses jupons empilés, étalés
Sur la pierre rugueuse et grise,
Protègent son corps usé.

Deux perles bleues animent
Son visage aux milles rides,
Comme un dernier hymne,
A sa vie trop souvent vide.

Son regard d'azur
Caresse le toit troué,
De sa vieille masure
Aux murs lézardés.

Les voilages tirés,
Dansent langoureusement,
Sur de longues pièces usées,
Où s'enlacent les souvenirs tremblants.

Le bleu délavé de son regard passé,
Dessine les murs de pierres,
Teinte le ciel de nuages entaché,
Refait vivre les histoires d'hier.

Son dos contre le gros marronnier,
Elle attend en rêvant,
Imaginant les mains aimées,
Calleuses à force de travail aux champs.

Elle attend, allumant d'un bleu désuet,
Ces murs fissurés, par les ans rongés.
Sa vie, telles les façades écartelées,
Tient encore avant de s'écrouler.

Elle attend, ses mains crevassées,
Blessées par une vie de labeur,
Caressant le tronc craquelé
De cet arbre qui fût leur.

Elle attend quoi ?
Elle attend qui ?
Encore un mois ou deux ou trois,
Tout simplement la fin de sa vie.

Elle n'attend rien, il est parti.
Seule sur son banc dur et froid,
Devant leur si vieux logis,
Là où ils aimaient à s'asseoir.

Elle reste là, immobile,
Portant à bout de force
Cette maison fragile
Que le temps cabosse.

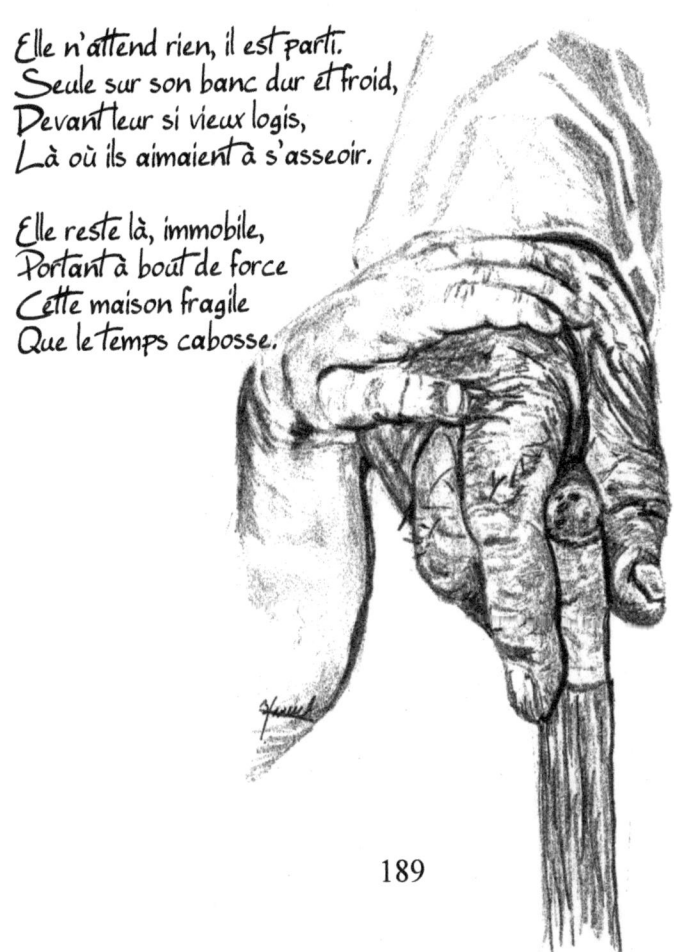

Les vieux

Depuis longtemps déjà, leurs doigts noueux
Ne se caressent plus en amoureux.
Ils sont là, côte à côte, leurs pas saccadés,
Traînant un vieux cabas à rouler.
Petites souris, courbées,
La peau fripée, le tronc plié,
Déjà presque accrochés aux cieux,
Les petits vieux.
De mille précautions il entoure,
Sa belle, sa princesse de toujours.
Celle sur qui le temps
N'a pas changé son regard d'adolescent.
Courbés, ils ne voient pas le regard des passants,
La vieillesse, c'est si dérangeant !
Qu'importe les ans, quand il la regarde,
Même s'il est le seul à reconnaître,
L'odeur de sa peau, aux reflets de miel,
Entourée pour lui de mille dentelles.
La soie de ses cheveux dénoués,
Flottant au vent léger.
Belle plus que le temps passé,
Les jours n'ont rien ravagé.
Elle est restée telle
Qu'il l'aimait la veille.
A leurs lèvres les mots s'oublient,
Un geste, un regard suffit.
Les discours superflus useraient
Leur foulée par les ans saccadée.
Par petites enjambées,
Avec mille difficultés,
Trottinant sur les trottoirs gris,
S'appuyant parfois aux murs décrépits.
Ils vont à deux vers la fin d'une vie
N'espérant plus même un sourire.
S'ils en ont la chance, ils vont par deux,
Le cœur toujours amoureux, les vieux.

Ma mie merveille

Lorsque le poids des ans ne portera plus tes pas pesants,
Lorsque la charge des années courbera tes épaules voûtées,
Ma mie, ma douce vieille, mon aînée, ma merveille,
Viens à ma peau satinée poser ton visage fripé.
Appuie tes dernières foulées, à mon pied encore léger
Toi fragile au manteau trop grand, moi futile face au temps,
Doigts par les années travaillés, à mon bras appuyés.
J'entends le chant céleste d'un ange, funeste appel de l'archange.
Tes yeux, perles délavées, luisants, nacre de bonté.
Reste par devers moi, ne t'envoles pas, le ciel attendra
Ton front trop lourd, baissé sur l'asphalte, comme un labour
Ta marche chaque jour ralentie, par trop de temps accompli.
Cette force qui te manque, cette fougue saltimbanque,
Viens sans crainte la puiser, à mes jeunes années.
Offre-moi ton fardeau, de tes douleurs fais-moi cadeau.
Laisse-moi aller à ton rythme lent, les heures tournent au cadran.
Mamie, ma séculaire, mon aïeule, mon ancêtre,
Je ne crains pas ta vieillesse, seulement ton ultime caresse.
Ta voix chevrote et se perd, la mort veille, carnassière.
Tes mots sans timbre s'envolent vers les nimbes.
Au loin tes souvenirs disparaissent, bercés par trop de détresses.
Je te vois partir doucement, ma vie suit ton départ tremblant.
Ton regard est loin déjà, sur des notes d'alléluia.
Tes mains grelotent, ta mémoire capote.
Ton corps trop maigre, refuge de ton cœur malingre,
Ta vie s'envole au loin, je te sens glisser vers le lointain.
Un jour, un mois, un an, comment te retenir encore loin du firmament ?
Je veux tes paupières fatiguées, comme une couverture baissée,
Égoïste, encore te garder, mais je te sens si épuisée.

J'ouvre lourdement mon cœur, il est là ton voyageur.
Son regard à la porte entrebâillée, t'observe sans animosité.
Ton regard vers lui se lève, il est temps que je pose mon glaive.
Tu es enfin sereine, ma mie ma reine.
J'embrasse ton front et le
caresse avec affection,
Délicatement,
je baise tes doigts,
noueux et
déjà froids.
Il s'approche
de toi,
à ses noires soies,
Tes lèvres
s'étirent, je les
vois sourire.
Je recule
lentement,
te laissant
à ton bel
amant.
À sa main
de satin, je note
ta peau d'airain.
Confiante tu glisses
et marches, aux escaliers
de son arche.
Sur cet ultime sentier,
je le vois vers toi tourné.
Je te murmure mon amour, à l'orée de ton dernier séjour.
Les yeux mouillés, la gorge serrée,
À l'aube des adieux, des larmes plein les yeux,
Je regarde ton corps fatigué, ma douce tu as fini de lutter,
Me restent mes souvenirs, et dans mon cœur à jamais ton rire.

L'homme héron

Il se tenait là, sur le fil de sa vie,
Face à l'étendue verte, dans son habit gris.
Droit, portant des hommes la folie,
A peine debout, abasourdi.

Héron triste, la tête courbée,
Ses yeux aveugles fixant l'immensité.
Son costume flottant sur ses jours déchirés,
En équilibre sur son destin brisé.

Chancelant au vent léger,
Dans ses poches ses poings serrés,
Triste oiseau, étoile renversée,
Fantôme frémissant, en sursis, lapidé.

Comme un linceul, la toile grise,
Autour de lui dansait à la brise.
Nuage pour une vie qui agonise,
Il ne luttait plus dans sa trop grande chemise.

Son regard perdu au loin, déjà absent,
Sur sa jambe fragile, bousculé par le vent,
Echassier solitaire, dressé, à l'orée du champ.
Ses larmes cristallines, reflet du firmament.

Que voit-il par ses yeux embués,
Est-il seulement là, le bel oiseau épuisé,
A son pied, sa canne, prison dorée,
Rappel de son corps démantelé.

Il se tenait là, fragile, balloté par la bise,
Comme un héron que la bourrasque brutalise,
Il était là, homme frêle à la vie démise,
Funambule d'une destinée qui s'épuise.

Ses jours fauchés, par une soirée trop arrosée,
Ses os broyés, ses années envolées,
Hurlements de sirènes, gyrophares bleutés,
Cris des machines, tumulte d'une famille pillée.

Que lui reste-t-il si ce n'est une jambe trop maigre,
Si ce n'est dans sa bouche ce goût aigre.
Il a vu défiler tant de médecins aux pas allègres,
Lui qui ne vit plus que la pègre.

Emporté, fauché en plein vol
Par trop de verres à la saveur d'alcool
Toujours il se souviendra de son cœur qui s'affole
De ses derniers pas emportés par la gniole.

Aujourd'hui perdu
dans une vie
devenue trop vaste
Ne restent sur
ses joues
que les larmes
qui le dévastent
Dans sa mémoire,
au loin, les jours fastes,
Souvenirs glissants,
fuyants comme un céraste.

Ce soir là, le bitume était chaud,
Il déambulait, l'âme légère, incognito.
Sur le trottoir, son fils dans son landau.
Le soleil appelait à l'apéro.

Un vacarme, une explosion,
Bruits de tôles sur le béton,
Eclats de verre, déflagrations,
Le temps qui s'accélère, des exclamations.

Sur son fils endormi il s'est jeté,
Sa vie comme un drap trop léger,
Son corps comme un rempart pour le protéger.
A se tuer, il a crié, il a hurlé.

Dans ses chairs, à pleine dents l'acier a mordu,
Il a lutté avant de tomber, abattu.
Sur l'asphalte le rouge coulait, goulu.
A ses yeux voilés, un amas de ferraille tordue.

Le silence comme un suaire taché de sang,
Lourd, étouffant, sur sa poitrine, trop pesant.
Ses doigts ouverts à quelques centimètres de son enfant.
Du petit corps disloqué plus un gémissement.

Ballet d'ambulances, ronde des médecins,
Sur ses multiples blessures mille mains,
Valse des machines, opérations sans fin,
Une danse macabre l'obligeant à poursuivre le chemin.

Il est là debout sur son unique pied,
Voulant la mort où la vie le garde éveillé.
Frémissant dans un complet passé,
Il regarde les grises cendres de son enfant s'envoler.

Abrutis

On ne pardonne pas aux abrutis
Pas plus qu'on les oublie
S'arrêter serait leur faire honneur
Valoriser leur dur labeur.
Haïr serait bien pire,
Perte de temps à leurs délires.
A trop vouloir des autres, le malheur,
Ils ont offert joie et bonheur !
Laissez aux imbéciles le rire,
Vivez heureux cela les fait mourir.
Laissez les vils, détruire avec ardeur,
Votre vie occupe leurs tristes heures.

Grand con

Un con reste un Con !
Qu'importe sa taille, petit toujours il sera.
Insignifiant il demeure, malgré son poids.
Seule la bassesse élève le vil
À ta petitesse infaillible !
Riche de malveillance
Le pauvre con danse.
Riche d'une hypocrite cour
Qui par la peur accourt,
Le con finit toujours,
Par mourir un jour.
Grand con à jamais
Esseulé partira en fumée !
On dira alors qu'il est con s'typé,
Au diable lui et ses combines...

Dame confiance

Est-il possible de faire confiance ?
Je dépose à tes côtés le peu de ce sentiment dont je dispose.
Sensation étrange, fuyant mes jours, reculant à chaque approche.
T'offrir ces bribes terrassées par trop de guerres. Déposer ce si fragile présent. Est-ce suffisant ?
Je te regarde fier et droit, si plein de cette belle courtisane, dont j'ignore la rassurante présence.

La confiance est une grande dame, se nourrissant d'années de patience.
Elle se tient hautaine et froide à mes côtés, se riant de mes doutes. Elle est drapée dans une robe serrée pouvant à chaque faux mouvement se déchirer.
Son corset comme un carcan serré par un lacet de mensonges, étouffe et asphyxie.
Dans ses atours de bal, elle offre l'image de la perfection. Au miroir de la jalousie, elle brille, perfide invitée.

La confiance, belle aux deux visages, caresse alors qu'elle griffe, étreint alors qu'elle tue, embrasse alors qu'elle mord. Son langoureux froufrou de douceur endort son lugubre chant de trahison. Dans l'azur de ses yeux, la confiance a noyé mon âme, dans la profondeur de son regard couleur de l'océan elle a tué ma vie. La confiance est une reine de beauté à la peau de sorcière. C'est une princesse aux couleurs de déesse tenant en sa main un poignard.

Comment offrir cette confiance quand tant de fois elle m'a frappée...
Comment déposer ce cadeau précieux cachant sous ses rubans ses soies de mensonges et d'ignominies...
Abjecte souveraine et sa cohorte de duperies elle sait mieux que personne tromper pour mieux flatter. Ce qu'elle n'a pas détruit t'appartient. C'est bien peu. Sans doute trop peu. Pour l'avoir côtoyée, elle a brisé mes espoirs. Dans ses oripeaux couleur de douceur, elle a détruit ce que je savais offrir. Elle a noyé ce que seule l'amitié sait gagner. Cette confiance je ne peux te l'offrir, une autre l'a volée.

Savant présent

Et dans chaque présent qu'elle te fera, derrière la douceur des rubans, sous la soie de l'emballage, demande-toi, mon amour, s'il n'y a pas de moi dans cette douce offrande.
Comment saurait-elle, si ce n'est pas moi, ce que tu espères et attends... Elle choisira sans erreur, guidée par cet amour dont je te couvre.
Qu'importe les moyens et le prix, elle saura faire de toi un roi où je te faisais prince. Ses pierreries éblouissantes contre mes perles sans éclat. Elle saura et je serai présente à chacun des paquets ouverts. Je serai là, glissant sous la douceur de tes doigts effleurant les festons. Je serai là, mouillant de mes larmes tes doigts distants. Je serai là, ange silencieux, dans le bonheur de vos yeux. Je serai là, posée sur tes genoux et son regard sur toi, aura l'éclat du mensonge et de la trahison. Je serai là, lorsqu'elle glissera entre tes mains, ce présent que j'ai choisi. Sous ses fards et ses paillettes, mon amour brillera parce que c'est moi qui serai là, dans ce papier de soie. Ses achats pleins d'assurance, guidés par l'amitié confiance.

Ces cadeaux que ma vie ne pouvait supporter, elle saura te les apporter. De mes recherches au secret de ton cœur, elle connaissait la teneur. Ce que l'amour devine, la jalousie le vole... Je lui ai livré les secrets de ton cœur qu'elle emballe désormais dans du papier doré.

A la douceur de tes lèvres, toujours les siennes auront ce goût de trahison. Au mordant du frisson, toujours sa peau aura le parfum amer de la jalousie. Cette odeur terrible, mélange de perfidies, de calomnie et de lâcheté, sur votre lit toujours recouvrira sa peau satinée. Sa beauté n'est que l'éclat du mensonge. Si à la douceur de ses doigts griffus tu retrouves ma main aimante, c'est qu'elle connaît tout de toi à travers moi. De tes frissons à nos émois, de ma vie à tes mains, elle ne vivra qu'à travers moi. Cadeau par une autre volé en ultime présent à l'amitié dévastée.

A l'heure des présents, lorsque tes doigts aimants passeront sur le satin d'un ruban, je sentirai un froid mordant enserrer mon cœur jusqu'à l'horreur. A l'heure des présents, lorsque tes mains fébriles déferont les papiers brillants, je sentirai la mort déchirer ma vie comme tes douces mains ouvrent un cadeau pli après pli.

L'amour par procuration

Lorsque l'amour se vit par procuration au nom d'une malsaine jalousie, lorsque l'envie s'installe au creux de la nuit, lorsque la cupidité guide le bras du désir, alors, l'amour se vit dans le chaos du mensonge et l'oubli des promesses. Ne reste qu'une force de tout détruire pour enfin posséder, qu'un besoin de tout abimer pour enfin détenir. L'amour devient vil lorsque l'abject s'invite au café. La tendresse prend des allures méprisables lorsque dans la nuit elle pose sa tête sur ton épaule. Quand la force du mensonge construit des mois durant. Quand la puissance de la jalousie sépare petit à petit. Il ne reste que des ruines sur un champ de bataille à la lutte inégale. Il ne reste qu'une armée bien préparée face à une femme tête baissée. Lorsque se referme la porte de l'amitié sur le pont levis de la fourberie, ne restent qu'un palais en ruine, qu'une cohorte de douleurs face à un amour en fuite. Une tendresse en déroute, des passions en doute et son ombre gigantesque au bout de la route. Il n'y a qu'elle victorieuse et hautaine, planant comme un vautour aux griffes acérées sur le pays de mon bonheur. Il n'y a qu'elle, lapidant jusqu'à la moindre parcelle de mon plaisir. Sur son noir destrier d'avidité elle fouille, creuse et puise jusqu'à arracher, lambeau après lambeau, chaque goutte de plaisir à mes chairs meurtries. De son bec crochu elle déchiquette nos doux projets, elle malmène le sens du respect. Vautour carnassier, elle se repait de mon cœur avec délectation. Elle voulait mon bonheur, elle voulait ma vie, elle voulait mes projets et mon avenir. Elle avait déjà mon passé mais elle voulait plus encore. Pour avoir dessiné sa vie trop laide, elle voulait ce que j'avais fait beau. Elle voulait ce qu'elle n'avait pas su faire. Trop fourbe pour construire, elle a pris sans rougir. De l'or à l'argent, rien ne devait échapper à son envie. Chaque joyau construit devait lui appartenir pour pouvoir mieux détruire.

Confinement

Du bout de ses doigts humides, la pluie dessine aux carreaux,
Long poème, au silence, de mystérieux mots,
Elle recouvre le parchemin transparent de mes vitraux,
Inscrivant, à l'encre grise, la magie de ses gouttes d'eau.
Le front posé au frisson du froid support,
Je rêve le regard perdu au dehors.
En mon imaginaire pays, je vois éclore,
Les rayons du soleil comme des lignes d'or.
Le vent, de sa main rageuse, secoue les branches torturées.
Au nid, les oiseaux, en boule, dorment en leur chaud duvet.
Ils se sont tus, oubliant aujourd'hui de chanter,
Comme pour mieux regarder la nature pleurer.
A ma vitre, glissent les lettres déposées par la pluie,
Elle voudrait y inscrire, tristesse, mort et agonie,
A ses lignes, de noir vernies,
Je vois le sourire de mes amis...
Qu'elle promène, sa mélancolique mélodie,
J'entends vos rires à son triste clapotis,
Qu'elle écrive sa morne ritournelle à l'infini,
Ils ne me quittent pas vos visages exquis !
Bientôt, de nos gommes à l'esprit rebelle,
Nous effacerons ces peines obsessionnelles,
De nos mille et une couleurs passionnelles,
Nous la referons belle, notre citadelle couleur arc-en ciel.
Nos joies, nos rencontres, nos fous rires, je ne les oublie pas,
A chaque larme, de l'au-delà, je vous revois,
A chaque instant aux tristes contours vous êtes là.
Elle n'est pas loin cette heure où l'on se retrouvera.
De la tendresse plein les bras,
De l'affection dans la voix,
Vous serez là
Et tout recommencera.

Au fil du temps

Le temps passé a laissé en chemin,
Non sans violence, deux gamins.
Les ans comme un fleuve émeraude
Ont coulé, séparant leurs deux mondes.
Les sourires envolés devenus fantômes,
Toujours dans les rues papillonnent.
Dans les ruelles escarpées,
A la tour d'un lourd clocher,
Leurs mains enlacées et leurs regards mêlés,
Malgré le temps, toujours sont restés.
Leurs rires depuis cascades, tristes et solitaires,
Abandonnés, ils glissent sur les chemins de pierres.
Pour eux, joue encore, délaissée, une clarinette,
Egrainant ses notes, souvenir d'une amourette.
Sur une partition aux lignes emmêlées,
Dort tristement une clé de sol épuisée.
La musique est devenue sanglots,
Miroir d'un amour devenu angelot.
Les mois passés n'ont pas oublié,
Les années écoulées, n'ont pas effacé,
Leurs deux cœurs, l'un à l'autre, serré,
Leurs doigts tendrement emmêlés.

Ils sont là, ils sont partout, ils vivent toujours,
Hantant recoin de la nuit et bout du jour.
Au loin, une haute dame de fer entend encore leurs rires,
Elle seule sait bien, que le passé vit dans l'avenir.
Ses yeux d'airain, son front d'une couronne ceint,
Tenant son enfant contre son sein,
Elle a l'air rêveur des madones d'antan
Qui savent les secrets et les tourments.
A l'azur des monts, un vert regard répond.
Au silence des mots, un cœur passion.
Les enfants d'hier ont grandi, pas à tout à fait,
A demi, comme s'il leur manquait une moitié.
L'hiver s'effaçant, ouvre, frileuse, une fleur de printemps.
Le fleuve devient ru, comme s'il était encore temps.
A ses rives éloignées, un pont s'accroche,
A son doux tumulte deux cœurs se rapprochent.
Sur l'onde légère, dansent des notes par milliers,
Le temps, mesquin, n'a pas vraiment gagné.
Ils sont là, un peu égarés, sans doute apeurés,
Deux gamins que la vie n'a pas réussi à séparer.

Mon chevalier

À l'heure où la guerre fait trembler et se lézarder mes murs. À l'heure où s'écroule mon royaume, tu t'avances. À l'aube de mes combats, tu te présentes aux portes de mon palais en déroute. Aussi dure soit-elle, ma vie comme un champ de bataille, m'offre de voir apparaître ta silhouette aux portes de ma prison. Odeur de poudre et de trahison, notes de tourments et d'angoisses, j'ai laissé les armes me blesser sans me battre. J'ai laissé le fer fouiller mon cœur. J'ai laissé la lance arracher mes entrailles et se planter au creux de mes reins. J'ai laissé la douleur m'envahir, attendant la mort salvatrice. J'ai laissé la peur voler mon souffle et emporter ma vie. J'ai regardé au loin arriver le fruit de mon calvaire. J'ai vu son regard vainqueur franchir mon pont baissé. J'ai vu l'armée de la discorde avancer fièrement, le front haut et l'œil brillants. Préparé de longue date, l'assaut final a été sans panache, poignardant une femme blessée, le regard baissé n'attendant que le coup de grâce pour se reposer. Dans ma vie emportée, dans mon cœur dévasté, alors que mes murs tremblaient prêts à s'écrouler, sur le pont une ombre s'est avancée.

Contours incertains n'amenant aucune crainte, l'ombre d'un inconnu fantassin se dessine dans le brouillard épais de ma tourmente. A la main, il tient une blanche rose, à mes pieds la dépose. Regard baissé sur les pétales posés, je vois son ombre s'étirer. A mes côtés il pose son armée. A mon cœur abimé, aucune peur.

J'observe la rose à la corole tremblante. Dans le silence, j'entends son sourire m'invitant à la prendre. Ma main tremblante, mes doigts glacés, vers elle ne peuvent avancer. Dans le vent de mes guerres, frêles et légers, dansent les blancs pétales. L'âme gelée, le cœur serré, les yeux noyés, je reste pétrifiée. Coulent mes rivières autour de la blanche rose. En ruisseaux, ils abreuvent la fleur éclose. De n'être pas ramassées, les fleurs, par les larmes arrosées, ne meurent jamais. Elles attendent les torrents derniers et l'aube d'un printemps nouveau. A mon regard tremblant, je vois frémir, ses pétales blancs. Un jour, alors que je n'aurais plus froid. Un jour mes doigts gourds, aux rayons d'un soleil nouveau, s'avanceront.

Je vois l'armée d'un fantassin, pousser au loin, les affres de l'hiver. A mes pieds, rêve une rose. Elle n'est pas morte, elle dort. Peut-être fallait-il cette guerre pour qu'enfin je te rencontre.

Libre

Je te veux libre...
J'aime regarder voler les oiseaux.
J'aime l'ombre que dessinent leurs vastes ailes déployées.
J'aime observer leur course fendre l'espace à travers les nuages.
Les plus beaux oiseaux volent librement.
Leur chant serait triste d'être retenu prisonnier.
La force de leur rire se briserait aux barreaux de leur cage.

Je te veux libre et heureux.
Libre de vouloir un espace à toi et tout l'espace pour nous.
Libre de partir conquérir l'azur pour mieux revenir te reposer au creux de moi.
Il n'y a pas de porte à la prison de mon cœur.
Pas de barreaux à mon amour.
Je te veux prisonnier libre et heureux et que toujours ton volte ramène à moi.

À l'ordre de ta vie

Si seulement tu existais... Je voudrais gêner ton emploi du temps, déranger ton quotidien... Je te promettrais de suivre ton rythme, mais je n'en ferais rien ! Mes mots seraient aussi rassurants que mes actes fous ! Je serais tout et son contraire, cadence et décadence ! Je serais sagesse à nos heures lointaines, révolution à ton ombre se découpant derrières les carreaux... J'en voudrais trop et plus encore, je voudrais ta compagnie et ta distance. Dans ma folie sans borne, je voudrais que tu te battes pour nous et tout autant que tu me fuies. Je te voudrais présent à chaque instant et distant tout à la fois ! Je voudrais tout et son contraire. Je te dirais « non » à l'instant où mon âme hurlerait « oui ». J'implorerais « oui », te suppliant en silence d'entendre « non »... Si seulement tu existais, tu saurais ranger ce désordre que ton absence crée.

Toujours je bâtirai

Mes yeux bien sûr, verront d'autres paysages.
J'entendrai, aux cimes, le doux frou-frou du vent.
À chaque saison, des oiseaux, j'écouterai le chant.
J'irai, solitaire, sur le sentier de mon âge.

Passeront, aux cieux, les cortèges de nuages,
Je resterai silencieuse, seule au chemin allant,
Sans ton bras à mes pas trop souvent trébuchants,
J'irai esseulée, là où hier ta foulée faisait sillage.

J'avancerai parce tu me voulais lourd bagage,
Là où avec force tu as dressé le néant,
Je bâtirai du lever au couchant,
Oiseau aux ailes brisées je volerai loin de ta cage.

Tu seras là, fantôme au noir ramage,
Hantant mes balades trop souvent,
Dessinant les ténèbres sur mes jours branlants,
Vautour abjecte au sombre plumage.

Tu t'es employé au carnage,
Pierre après pierre durant des ans,
Un château je poserai où tu as mis tourment,
Je referai beaux mes verts pâturages.

Tu ne m'as pas tuée, je vivrai d'autres pages,
Belles, tu n'y auras pas accès évidemment,
J'écrirai, ne te déplaise, j'en fais serment,
Tu m'as laissé la force en héritage !

Demain Attend

En quel pays disparais-tu derrière ton rire à fière allure ?
Alors que tu avances, fier et léger, au soleil ardant
En quels sombres méandres, solitaire, caches-tu tes blessures ?
Toi qui souris, tricheur en équilibre, au bord de tes néants.
Résonnent les flonflons de la fête à ton regard azur.
Tu maquilles tes larmes en explosion de joie,
Offrant un sourire pour unique et seule armure.
Ton cœur abandonné, en plein juillet tremble de froid.
Les cieux, en silence, emportent ton secret et ta peine,
Pour toi, ils parent l'horizon de fils d'or et d'argent
Estompant tes souffrances causées par une reine,
Le ciel se noie en ton bleu regard, de larmes, brillant.
L'amitié, pauvre béquille à tes pas chancelants,
N'a été qu'une trêve à la douleur de tes rêves brisés.
Quelques heures volées au temps au milieu de tes tourments.
La fête est finie, tu erres triste, en un chemin abîmé.
Regarde au bord du vide, ne t'en va pas trop loin.
Essaie entre les nuages, au milieu de ta tempête,
Comme un frêle esquif, un radeau, de voir cette main,
Qui guiderait à nouveau tes pas vers des airs de fête.
Au loin j'entends hurler les sirènes, comme un cri de douleur.
À l'écho de tes craintes, à l'orée de tes maux,
Tu installes ton trop lourd et pesant silence.
N'oublie jamais que l'amitié toujours apporte le bonheur.
Ne t'en va pas vraiment
Reste, tu as le temps
Demain est là qui t'attend
Il reste de la joie... intensément.

Libre et seule

J'ai recouvert ton silence
D'un drap blanc d'indifférence.
Au fil de tes trop longues absences
J'ai marché au chemin de l'errance.
A mes lèvres le goût des tiennes,
Traces d'amour tel un poëme,
Suave délice à mes jours bohème,
Souvenirs flous que le vent parsème.
Au loin j'entends ton souffle qui s'envole,
Parfum d'amour, goût vitriol,
La morsure du vent s'étiole,
Emportée au pays de trop belles paroles.
Au satin d'un lit mensonges,
J'ai perdu la clé des songes,
Alors que les ombres s'allongent,
Indifférentes aux maux qui rongent.
Nous n'irons plus à travers temps,
Oubliant les saisons aux champs,
Les rires ont perdu leurs chants,
Ensevelis à tes vils serments.
Sur tes promesses tirer le linceul,
Tes mots, comme tes actes, veules,
Tu n'avais pas de figure, pas de gueule,
Sans toi, libre et seule.

Mont sans merveille

Et nous nous aimerons,
Sans un mot, sans un baiser,
Sans tendresse et sans passion,
Loin de l'amour et ses secrets.
Ivre de vide, vide de sens,
Nous irons côté à côte,
Nous nous aimerons en silence.
Bien plus loin que l'amour mort.
Sur tes chemins obscurs j'ai marché,
Perdant ma trace à ta main distante.
Le long de toi, envolée ma fierté,
A ton mont sans merveille adieu mes attentes.
Alors, prends sans amour,
Ce que j'offre par trop de tendresse.
Fantôme, j'erre en ma cour,
Prisonnière de mes faiblesses.
Ce que mon cœur chantait,
je l'ai fait taire, perdant mon âme
A tes mots abstraits.
Mes maux en larmes,
Je t'aimais trop sans doute,
Pour m'enfuir à ta main creuse.
Disparue ma route,
A nos amours boiteuses.

L'écho s'est tu, le vide raisonne.
Pieds et poings liés,
J'ai oublié ma personne,
À nos amours mutilés.
Surtout ne plus parler.
Laisser ton corps prendre.
Peut être encore espérer.
Faire semblant, attendre.
Puisque l'amour est lettre morte,
Puisse l'être morte,
À l'encre de ton corps,
Pouvoir aimer encore.
Il n'y aura, ni baiser, ni caresses
Je t'aimerai solitaire.
Pas de mots ni d'ivresse.
Seulement une habitude solidaire.

Vil et veule

Ton silence comme un glas me tue et me glace.
Je n'étais donc rien d'autre qu'un rendez-vous fugace.
Je n'étais donc rien qu'un sourire dans ta glace.
Je n'étais donc rien qu'une femme de passage dans ta paroisse...

Tes promesses comme autant de mensonges,
Tes serments résonnent dans mes songes.
Ton absence me dévore et me ronge.
Je ne suis plus qu'une ombre que la nuit allonge.

Qu'as-tu fait des tes mots envolés.
Où as-tu rangé tes paroles oubliées.
Dans le silence tu m'as tué.
De loin tu me regardes sombrer.

Ton sourire comme un miroir au sien
Ma vie sans lendemain
Je t'imagine serein
Auprès de ta sorcière en satin

Vil parmi les veules tu as laissé faire en silence
Misérable et méprisable, tu m'as demandé l'errance.
Ton corps à ses belles apparences
Ton cœur au mien en itinérance.

Si seulement je pouvais te haïr,
Pour cette belle qui t'a fait mentir
Si seulement je pouvais te haïr
Pour cette horrible qui t'a fait me trahir.

A ma douleur j'accroche le passé.
Aujourd'hui encore je ne peux que t'aimer.
Pour ce temps et toutes ces années,
Je me laisse mourir sans lutter.

Je te veux bas, je te rêve grand
Je te veux abject, je te souviens tendre
Là où tu es noir, j'ajoute du cyan
Là où tu es distant, je t'imagine amant.

La boule

Il me manquait la douceur de tes mots, la chaleur de tes lèvres, la tendresse de tes lèvres...
La nuit était douce, enveloppée dans son étole de blanche brume. Les ailes déployées je suis venue te rejoindre. Les étoiles couvertes de perles de rosée auraient fait un merveilleux bouquet mais j'étais pressée.
Pressée de te rejoindre. Pressée de me poser à tes côtés dans le secret de la nuit. Pressée de m'endormir contre toi.
D'un sommeil agité, tu dormais. À tes côtés un papillon aux ailes d'argent veillait. Il souriait. Autour de lui tes doigts, comme une caresse, le protégeaient. Douce cage sans barreaux tu défendais sa nuit.
Contre toi, nocturne retraite, j'ai installé mes ailes repliées.
Ma joue à la tienne posée, j'ai marié nos doigts.
À côté de ton cœur, une boule noire n'en finissait plus de ricaner...
J'ai séparé nos doigts pour effleurer ton sombre démon railleur. Rengaine lancinante comme une angoisse trop grande, la boule se secouait. Qu'elle semblait fière et forte au milieu de la nuit...
Elle était pleine de tes craintes, de tes doutes et de tes peines.
Pleine de ces tensions supportées, pleine de reproches, pleine de désillusions, pleine de rêves brisés, pleine d'espoirs envolés, pleine d'envies jamais assouvies.

Elle était pleine de tes souhaits devenus amers, d'envies interdites de réalité. Elle était là secouée par un rire mauvais, elle était là beaucoup trop lourde. Elle débordait de tes désirs inavoués, de tes rêves trop longtemps portés, de cette réalité que tu voudrais, de ces années d'attentes.
J'ai glissé cette boule informe et glauque sous l'une de mes ailes. Entre mes plumes de duvet blanc, elle repose. Elle n'a pas disparu. J'en prendrais soin, j'en fais serment.
Son rire grinçant s'est tu, ses yeux se sont fermés. Contre toi je dormais. Au petit matin, en te quittant, je l'envolerai.
A chacune de tes nuits, tes perles aux reflets les plus sombres, j'emporterai. Au fil de soie de ma vie, j'en ferai un collier de misère. Laisse-moi emporter loin de toi ce bijou. Joyau entrave à ta vie. Les ailes d'un ange lui feront écrin. Obscures peines, noires angoisses, sombres doutes, y reposeront au satin clair.
Un blanc plumage pour diluer de noir perles.
A l'encre de tes nuits, j'ai volé tes peines.
A ta joue j'ai posé la mienne. A ta paume, j'ai glissé ma main. Tes doigts ont enserré les miens avec force.
Nulle prison autour de ma main, simplement un royaume où dormir en sécurité, un palais de tendresse et de douceur, un domaine où flamboie ton regard et où chante ton cœur.

Notes

Lorsque les doigts se font caresses,
Sous le regard du soleil rien ne presse.
Sensualité aux cordes attachée
Pour quelques notes envolées.
Parfum de sous bois
Les cieux pour toit.
Notes éparpillées,
Au feuillage accrochées.
Cordes effleurées,
Désir secret.
Mélodie égrenée
À doigts feutrés.
Corps enlacés, notes emmêlées,
Paroles murmurées, partition improvisée.
Amour, corde sensible, au bois caché.
Guitare solitaire, sous la caresse enivrée.
À corps perdu, accords perdus.
Un cœur perdu, éperdu.
Un mot sur une note, une note sur un maux.
Arpèges inconnus, gémissements grelot.
À doigts légers presque timides,
Le chant s'inscrit limpide,
Comme un amant aux mains d'argent
Effleure la soie fiévreuse d'un corps tremblant.

Musique
Dans l'air cristallin et froid, s'élèvent quelques notes.
Musique à peine audible, faibles grelots frissonnants.
Au frima de l'hiver, parsemée de givre, dièses et croches ballotent.
Sur la partition, un adagio tendre aux accents grelottants.

Dans leur corset serré, bourgeons et fleurs se préparent.
Allegro d'un printemps annoncé, valse aux accents légers.
Noires, blanches, aux cordes du violon, arpège rare.
Virevoltant un air de romance enivre les cœurs enlacés.

Au feu de l'été luisent les cuivres, éblouissent les cors.
Atourdie de soleil, l'aubade s'allonge, langoureuse, sensuelle
Mélodie, accord parfait, complainte à quatre mains pour deux corps.
Rythme à l'unisson, chanson d'amour, harmonie pour un désir charnel.

Souffle chaud, en déshabillé, face à l'automne, épaules nues
A la suite d'un tempo lancinant tombent feuilles et toilettes.
Le cœur amoureux, tremble la belle dévêtue.
Au loin, une flûte égrène la mélopée d'une tendre amourette.

Qu'importe, les jours, les mois, les saisons.
Si mon cœur chante, c'est par toi.
Ici, là-bas, plus loin, ailleurs, qu'importe l'horizon.
A la musique de mon cœur tu rimeras avec émoi.

Ferme les yeux, écoute, entends.
Ferme les yeux, quelques notes, une chanson.
Comme une caresse, un frisson, du levant, au couchant.
Un refrain, des notes sur des mots d'amour au fil des saisons.

Ferme les yeux. Entends-tu ? Écoute mieux.
Seulement les battements de mon cœur.
Ils se moquent du temps qui passe, qu'importe le lieu.
Ils chantent mon amour pour toi à toute heure.

Au bord du néant

Viendras-tu me chercher, toi que j'attends ?
Viendras-tu sans trembler au bord de mon néant.
Je t'attends les bras ballants,
Je t'espère encore le cœur béant.

Au bord du vide, je n'ai plus peur du noir.
J'entends encore ton rire comme un espoir.
Je me souviens de tes mains caressant avec art.
Retrouve-moi avant qu'il ne soit tard.

Sauve-moi du mal que je me fais.
Donne-moi ta force comme souvent tu l'as fait.
Pour une heure, un jour, une vie, reste à mes côtés.
Ne m'abandonne pas pour une fée.

Mon corps tremblant ne porte plus ma vie.
Mes mains sont froides et mon cœur meurtri.
Tout se brouille et se confond à mon esprit.
Je suis loin déjà presque partie.

Rattrape ma vie avant qu'il ne soit tard.
Empêche-moi ce dernier départ.
Je t'en supplie, évite-moi la mort et sa mâchoire.
Retrouve-moi dans ce si long couloir.

Aux portes d'un gouffre sans fond, j'ai peur.
Non du vide doux fossoyeur,
Non de la douleur grande douceur.
De ton départ trop longues heures.